연봉 10억을 만드는
습관의 힘

NENSHU 1 OKUEN NI NARU HITO NO SHUKAN

by Seiji Yamashita
Copyright © 2018 Seiji Yamashita
Korean translation copyright ©2019 by Vegabooks, Co.
All rights reserved.
Original Japanese language edition published by Diamond, Inc.
Korean translation rights arranged with Diamond, Inc.
through EntersKorea Co., Ltd.

이 책의 한국어판 저작권은 ㈜엔터스코리아를 통하여
ダイヤモンド社와 독점 계약한 베가북스에 있습니다.
저작권법에 의해 한국 내에서 보호를 받는 저작물이므로
무단 전제와 무단 복제를 금합니다.

따라 하면 돈을 부르는 연봉 부자들의 36가지 습관

연봉 10억을 만드는 습관의 힘

야마시타 세이지 지음 | 이미경 옮김

머리말

　연봉으로 10억 원 이상 버는 사람들의 '습관'에는 '공통적인 규칙'이 있습니다.
　하지만 그 '습관(규칙)'을 실천하는 데에는 특별한 재능도 필요 없고, 처음에 돈이 드는 것도 아닙니다. 아무나 할 수 있지만, 누구도 하지 않는 습관을 꾸준히 실천하기만 하면 됩니다.

　'능력'의 차이는 작다.
　'노력'의 차이는 크다.
　'꾸준함'의 차이는 더 크다.
　'습관'의 차이가 가장 크다.

매일 실천하는 습관이기 때문에 비로소 가장 큰 차이가 나타나는 것입니다. 즉, 아무나 할 수 있는 '연봉 10억 원 습관'을 여러분이 몸에 익히기만 한다면 연봉 10억 원의 꿈을 이룰 수 있습니다. 이 책에서 소개하는 '36가지의 습관' 중에서도 특히나 '돈 쓰는 방법'에는 일관성이 있습니다. 그것은 바로 '목적 외의 일에는 10원도 쓰지 않는다'는 것입니다.

- 페라리 최신 모델 (지금까지 7대 구입)
- 벚꽃 나무로 둘러싸인 100억 원짜리 대저택
- 눈앞에 바다가 펼쳐진 30억 원짜리 별장

을 소유한, 연봉 30억 원을 달성한 사람이 있습니다. 하지만 사실 그에게는,

- 1병에 3만 원을 넘는 와인은 사지 않는다.
- 1,100원을 넘는 삼각 김밥은 사지 않는다.
- 비행기는 이코노미 좌석만 이용한다.
- 고속철도를 탈 때는 자유석만 이용한다.
- 출장 가서는 가장 저렴한 비즈니스호텔에서 숙박하고, 조식은 무료일 때만 먹는다.

라는 '습관(규칙)'이 있습니다.

어느 날 그 성공한 사람과 유명한 소고기덮밥 체인점을 간 적이

있었습니다.

저는 600원짜리 날계란을 추가하고 싶었는데, 그는

"날계란 1개에 600원을 지불할 만큼의 타당성이 없다."
"날계란을 주문한다고 해서 회사의 목적 달성에 가까워지지 않는다."

라는 혼잣말과 동시에 15초 정도 진지하게 고민하더니 결국엔 주문하지 않았습니다.

연봉 30억을 버는 일류 경영인이,

'날계란 1개의 가격 대비 만족도(투자 효율)를 15초씩이나 생각한다.'

는 사실에 저는 적잖이 놀랐습니다.

그리고 하루는 제 자동차 조수석에 그를 태우고 함께 나가노에 갔을 때, 그가 이런 말을 했습니다.

"운전하는 방식을 보니 연비 소모가 꽤 심하겠군. 엔진 회전이 2,000회를 넘어가면 연비가 안 좋아지니 엑셀을 조금 살살 밟는 게 좋아. 그리고 눈에 불을 켜고 추월하고, 차선까지 이리저리 변경한다 한들 도착 소요 시간이 크게 줄어드는 것도 아니니 여유 있게 운전해도 괜찮네."

단돈 '몇천 원'이라 해도 기름값을 절약한다면, 그만큼 '목적'을 위해서 돈을 쓸 수가 있습니다. 그가 경영인으로서 직원들을 위해 투자할 수 있는 것은 바닥에 떨어진 '고무줄 하나'까지 소중하게 여기는 건실함이 있었기 때문입니다.

이 성공한 사람이 바로 제가 이인자로서 이사 역을 맡은, 일본 최대급 240개 매장의 미용실 체인점 '어스'를 운영하는 ㈜어스홀딩스의 창업자, 고쿠분 도시하루 사장입니다.

고쿠분 사장은 TV나 잡지에서도 수없이 소개될 만큼 화려한 생활을 하는데 이것도 모두 '자신의 비전을 시각화하여 직원들에게 보여주는 데 필요하기 때문'입니다.

고쿠분 사장에게는 '100명의 경영인 만들기', '100년 이상 유지되는 회사 만들기'라는 '비전'이 있습니다. 페라리를 소유하고 있는 것도, 대저택에 사는 것도 '꿈을 구체화하여 직원들에게 보여주기 위함'일 뿐, 단순한 욕구 때문에 소유하고 있는 것이 아닙니다. 직원들의 '꿈'을 자극하여 향상심에 불을 붙이자는 생각에서 비롯된 것입니다.

고쿠분 사장은 비전을 이루기 위해서는 투자를 아끼지 않습니다. '억 단위의 금액'을 아무렇지 않게 쓸 때도 있지만, 그 외의 일에는 철저히 '최소한의 금액'만을 사용하고 있습니다.

고쿠분 사장의 평소 모습은 굉장히 검소합니다. 지하철로 출퇴근을 하며 사적으로 사용하는 매달 생활비는 100만 원을 넘지 않습니다. 페라리를 타는 것은 '사내 행사'가 있을 때뿐입니다(연 2, 3회).

이것이 연봉 10억 이상을 버는 사람들의 습관이며, 고쿠분 사장이 정한 '규칙'입니다.

'사소한 부분'을 보고 있는 사람이 비로소 성공한다

주식회사 프로와이즈(부동산업)의 히라노 요시나오 사장과 함께 니가타에서, 출점 안건에 대해 조사를 하던 때의 일입니다.

히라노 사장은 거물 정치인의 측근으로 활동했던 경험이 있는가 하면 섬세하면서도 대담한 일들을 아무렇지 않게 해내는 사람입니다.

그리고 일본 전국에서 모든 업종의 매장들을 개발하고 있기 때문에 감각이 매우 뛰어납니다. 즉, '본질'을 꿰뚫어보는 안목을 지니고 있습니다.

예를 들어, 히라노 사장은 처음 방문하는 지역이라도 호감도라는 안테나를 세워 '맛집'을 찾아낼 수가 있습니다. 지금까지 히라노 사장과 함께 갔던 가게 중에서 실패한 곳은 한 군데도 없었습니다. 리뷰 사이트나 가이드북을 찾아본 것이 아닙니다. 히라노 사장은 '가게의 사소한 부분'을 보는 것입니다.

"야마시타 씨. 저 가게는 간판이 더러운 걸 보니 그리 좋은 곳은 아닐 것 같군요."

"저 가게는 점원들의 뒷모습에서 패기가 느껴지지 않아 썩 기대가 가질 않는군요."

"저 가게는 입구에 잡초가 무성한 것으로 보아 실망스러울 게 뻔합니다."

히라노 사장은 돋보기로 확대해서 보듯 '사소한 부분'을 관찰하고, 그것에서 보이는 '본질을 잡아내고 있었던 것'입니다.

사소한 부분에서 '본질'이 드러난다

- 성격은 '얼굴'에서 드러난다.
- 생활은 '체형'에서 드러난다.
- 진심은 '행동'에서 드러난다.
- 감정은 '목소리'에서 드러난다.
- 센스는 '옷차림'에서 드러난다.
- 미의식은 '손톱'에서 드러난다.
- 청결함은 '머리카락'에서 드러난다.
- 성급함은 '발'에서 드러난다.

이 교훈(명언)은 2012년경 페이스북과 트위터에서 널리 퍼졌던 말입니다(작자 불명). 저도 공감이 가는 말이었습니다. 사람의 본질이라는 것은 결코 완벽하게 숨길 수 있는 것이 아닙니다. 아주 사소한 부분에서 또렷이 드러나는 것으로 생각합니다. 저는 이 명언을 미용실 오너인 제 나름대로 각색해 다음과 같이 직원들에게 전하고 있습니다. 물론, 저 자신에게도 계속해서 되뇌고 있는 말입니다.

야마시타 법칙

인간성은 '목소리'에서 드러난다.
기본자세는 '식사 방식'에서 드러난다.
생활 태도는 '걸음걸이'에서 드러난다.
센스는 '피팅감'에서 드러난다.
발전적 태도는 '피부'에서 드러난다.
본성은 '약자를 대하는 태도'에서 드러난다.

그럼 하나씩 해설해나가 보겠습니다.

- 인간성은 '목소리'에서 드러난다.

목소리에도 '표정'이 있습니다. 뛰어난 사람들의 목소리에서는 속이 꽉 찬 듯한 힘이 느껴집니다. 목소리가 큰 사람은 활발하고 유머가 있으며 사교적입니다. 억양이 없고 톤이 일정한 목소리를 가진 사람은 수줍은 성격인 경우가 많습니다.

- 기본자세는 '식사 방식'에서 드러난다.

예를 들어 뷔페에 갔을 때 '다양한 음식을 조금씩 먹는 사람', '같은 음식을 여러 번 먹는 사람', '모든 음식을 다 먹어 보지 않으면 아깝다고 생각하는 사람'들이 있듯이 어떤 음식을 담는지, 어떻게 먹는지에는 사람마다 차이가 있습니다.

'식욕'이라는 근본적인 욕구 속에 그 사람의 본질적인 가치관이 집약되어 있다고 할 수 있을 것입니다.

- 생활 태도는 '걸음걸이'에서 드러난다.

예를 들어, 간호사들은 모두 빠르고 힘차게 걸어 다닙니다. 간호사의 걸음걸이는 환자들에게 힘을 불어넣어 주는 자세입니다. 힘없이 발을 질질 끌며 걷는 사람은 일도 질질 끌며 하는 사람입니다. 다른 사람들을 피하지 않고 자기중심적으로 걷는 사람은 생활 또한 자기중심적으로 사는 사람입니다. 이렇게 걸음걸이에는 그 사람의 '생활 태도와 모습' 같은 것들이 여과 없이 드러납니다.

- 센스는 '피팅감'에서 드러난다.

패션에서 가장 중요한 것은 그 옷이 '어울리는지, 안 어울리는지'보다 '체형에 꼭 맞는지, 맞지 않는지'입니다. 체형에 꼭 맞는 옷을 입고 있으면, 본인뿐만 아니라 주변 사람들도 '편안함'을 느낍니다.

- 발전적 태도는 '피부'에서 드러난다.

피부 상태는 마음의 상태를 나타냅니다. 미용사로서 많은 사람의 피부를 봐온 결과, '부정적인 사고를 하는 사람의 피부에는 기미가 생기기 쉽다'는 사실을 알았습니다. 스트레스는 '장내 환경'을 악화시키고 거친 피부를 만드는 원인 중의 하나입니다. 한편, 긍정적인 사고를 하는 사람들의 피부는 밝고 탄력이 있습니다.

- 본성은 '약자를 대하는 태도'에서 드러난다.

교육학자인 고(故)모리 노부조 선생은 《수신교수록 하루 한 마디》라는 책에서 다음과 같이 말합니다.

'아랫사람을 대하는 태도 중 하나로는 말투를 함부로 하지 말 것. 자칫 간과하기 쉬운 점이지만, 대체로 인간의 인품이라는 것은 그 사람이 아랫사람을 대할 때의 태도, 특히 그 말투에서 드러나는 것입니다.'(※1)

옳은 말입니다. 아랫사람이나 사회적 약자에게 거만한 태도를 취하는 사람은 인간성 자체를 의심하지 않을 수 없습니다. 사람의 본질은 사소한 부분에서 역력히 드러나는 법입니다. 행동 하나하나에서 그 사람의 감정과 기분이 전해집니다.

그러므로 머리부터 발끝까지, 어떤 것 하나도 방심해서는 안 됩니다. 목소리, 식사 방식, 걸음걸이 하나하나에 주의를 기울여 자신을 나타내야 합니다. 이것이 연봉 10억을 달성할 수 있는 비결이 아닐까 합니다.

성공한 사람의 시간은 일석사조

㈜어스홀딩스의 고쿠분 사장은 '시간 낭비'를 몹시 싫어합니다. '목적으로 이어지지 않는 일'에는 1초도 내어 주지 않습니다.

치바 현 가모가와에 있는 고쿠분 사장의 별장에서 어스 전국 오너 회의가 개최되었던 적이 있습니다. 회의는 오전 11시부터 시작되었지만, 회의가 시작된 지 5분이 지나자 회의 모습을 가만히 지켜보고 있던 고쿠분 사장의 입에서는 전국의 오너들이 깜짝 놀랄 만한 발언이 나왔습니다.

"자, 회의는 여기까지! 지금부터 일정을 바꿔 다 같이 바비큐 파티나 합시다."

홋카이도부터 오키나와까지 일본 전국의 오너들을 치바 현 가모가와로 불러 모아놓고서는 고쿠분 사장이 5분 만에 회의를 끝낸 것은 회의 자체가 낭비라고 느꼈기 때문입니다. 딱딱하게 의자에 앉아 있는 것보다 보소 반도의 바다와 바람을 느끼며, 서로의 꿈에 대해서 이야기를 나누는 것이 '100명의 경영인 만들기'라는 비전을 이루는 데 '플러스가 될 것으로 판단'했기 때문입니다.

하지만 한편으로 '목적으로 이어지는 일'에는 아끼지 않고 시간을 투자합니다.
고쿠분 사장과 함께 처음으로 온천을 갔을 때의 일입니다. 고쿠분 사장은 무려 6시간이나 온천 안에서 나오지를 않았습니다. 저는 이렇게 오래 온천에 들어가 있는 것은 시간 낭비라고 생각했지만 이는 잘못된 생각이었습니다.

직원들과 함께 오랫동안 온천을 즐기는 것은 바로 '미용과 건강을 위함'이자 '맨몸으로 함께 함으로써 직원들과의 거리를 좁히기 위함'이며, '미팅을 하기 위함'이기도 하고, '시설의 청결도와 접객력을 체크하기 위함'이었던 것입니다. 고쿠분 사장은 장장 6시간 동안이나 젊은 직원들과 맨몸으로 대화를 했습니다.

'연봉 10억 원을 버는 사람'이 되기 위해서는 먼저 '돈'과 '시간' 쓰는 법을 바꿔야 합니다.

'돈'과 '시간'을 '목적, 목표의 실현'을 위해서 투자하는 것. 잘못된 사용법을 개선하지 않는 한 '연봉 10억 원'은 달성할 수 없습니다.

연봉 10억으로 가는 시간 활용법. '처음 10년 동안은 쉬지 않는다'

저는 스물네 살부터 서른아홉 살까지 15년 동안, 하루도 쉬지 않고 비가 오나 눈이 오나 오로지 일만 했습니다.

전혀 쉬지 않고 일을 하는 제게,

"야마시타 씨는 도대체 언제 쉬는 겁니까?"

라고 묻는 사람도 있었지만, 그때는,

"매일 일하는 날이자 여름휴가입니다."

"1주일에 두 번은 쉽니다. 월요일부터 금요일까지는 '업무로서의' 일을 하고, 토요일과 일요일은 '취미로서의' 일을 합니다."

라고 답하곤 했습니다. (웃음)

저는 '일'과 '사생활'에도, 'ON'과 'OFF' 사이에도 경계선이 없습니다. 경계선이 있는 것은 'High(고속 기어)'와 'Low(저속 기어)'의 감각뿐입니다.

스피드를 줄이는 일은 있어도 멈추는 일은 없습니다.

'일에 쫓겨 쉴 시간이 없는 건가요?'라는 질문을 받은 적도 있지만, 아닙니다. 오히려 제가 일을 좇고(찾고) 있습니다.

그리고 '일이 재미있어서 쉬지 않아도 괜찮은 건가요?'라는 질문도 있었습니다. 하지만 그것도 아닙니다. 재미있어서 쉬지 않는 것이 아니라, '쉬지 않고 일을 하므로 재미있는 것'입니다.

어스 긴자점에 입사한 지 얼마 안 되었을 때 고쿠분 사장은 제게 이런 조언을 해 주었습니다. "연봉 10억 원을 벌고 싶다면 최소 3년, 가능하다면 10년 동안 쉬지 않고 일하면 된다."

당시 저는 일하는 것이 마냥 좋지만은 않았기 때문에 '쉬는 날이 없다니 말도 안 된다'고 생각했지만 '일단은 3개월 만이라도 쉬지 않고 일해보자'고 마음을 먹었습니다.

그리고 그렇게 쉬지 않고 일한 지 3개월이 지나자 지금까지 한 번도 느껴 본 적 없는 감정이 생기기 시작했습니다.
바로 '생각보다 일이 좋다'는 감정이었습니다.
좋아하는 것을 하고 있으니 쉬고 싶다는 생각도 들지 않았습니다. 그리고 또다시 1년이 지났을 때는 일이 정말 좋다는 생각으로 바뀌었습니다.
그리고 3년이 지났을 때에는 '일과 휴식의 경계'가 사라지게 되었습니다. 고쿠분 사장은 저에게 '연봉 10억 원 이상을 벌고 싶다면 일을 사랑하는 것이 우선'이라는 사실을 알려 준 것입니다.
지금은 일상의 모든 것들을 '일'과 결부 짓게 되었습니다.

예를 들어, 온천에 들어가 있을 때 '지금 옆에 있는 이 사람을 고객으로 만들려면 어떻게 하면 좋을까?' 하는 생각을 한다거나, 거리에 장식된 식물들이 눈에 들어왔을 땐 '이 식물들을 매장에 놓을 수도 있지 않을까'라는 생각이 떠오르게 되었습니다.

출근했을 때가 아니더라도 일을 만들어 낼 수 있게 된 것입니다.

은행에 저금한다는 생각으로 자신의 시간을 차곡차곡 쌓아나간다

예전의 저는 일을 '나를 위한 것'이라고만 생각했습니다. '나만 괜찮으면 된다'고 자신을 속이며 '좋아하지도 않는 일을 무리해서' 하고 있었습니다.

하지만 지금의 제게 '일'은 '사회를 위한 일'로 바뀌었습니다. 개인의 만족을 위해서 일하는 것이 아니라 '모두에게 도움이 되는 일을 하고 싶다'라는 '뜻'을 갖고 임하고 있습니다.

어스에는 서핑부, 야구부, 스노보드부, 농구부, 테니스부 같은 동호회 활동이 있는데 저는 그중에서도 무려 '사회를 위해 일하는 동호회'의 부장을 맡고 있습니다(웃음). '사회를 위해 일하는 동호회'의 활동 내용은 '사회를 위한 일'을 하는 것입니다. 그러니 말 그대로 '평소와 다름없이 일하는 것'이 바로 이 동호회의 임무입니다.

'사회를 위해 일하는 동호회'는 진심 어린 자세가 아니면 감당할 수 없어서 사내에서도 가장 부원수가 적습니다. 하지만 이 '사회를 위해 일하는 동호회'를 졸업한 직원들은(3년이 지나면 졸업한다는 규칙) 그 후 모두 연봉 1억 원을 넘어섰습니다. 대단하지 않습니까?

3년 동안 진심을 다해 일하면 싫었던 일이 '사회를 위한 일'이 되고 좋아하는 '취미'로 바뀌게 됩니다. 자신의 시간을 은행에 저금한다는 마음으로 차곡차곡 쌓아나간다면, 머지않아 많은 이자가 붙어 자신에게 돌아올 것입니다.

처음부터 '좋아하는 일'은 없습니다. '좋아하는 일은 찾는 것이 아니라, 자신이 만드는 것'입니다.

'일찍 일어나기'는 10억 이상의 가치

제가 연봉 10억 이상을 달성하기 위한 습관으로 가장 중요시하고 있는 것 중 하나가 '일찍 일어나기'입니다.

자세한 것은 뒤에 가서 더 설명하겠지만, 저의 '아침 일찍 출근하는 습관'이 자극제가 되어 긴자점 매장 내에서는 화학 반응이 일어났습니다.

당시 어스 긴자점에는 32명의 직원이 있었는데, 그중 12명의 상급자들 사이에서 '누가 더 일찍 출근하는지'로 경쟁이 붙었던 것입니다.

제가 '일찍 일어나기'를 막 시작했을 무렵, 오전 8시 이전에 출근한 사람은 저 혼자였습니다. 하지만 다른 간부들도 일찍 출근하기 시작하면서 오전 8시에 와도 1등을 뺏기게 되자 오전 7시, 오전 6시, 오전 5시로 점점 출근 시간은 빨라졌고, 결국에는 '지하철 첫차로 출근'

하는 지경으로까지 경쟁에 불이 붙기 시작했습니다.

지하철 첫차보다 더 일찍 출근하려면 어떻게 해야 할까. 어떻게 하면 이 경쟁에 결판을 낼 수 있을까. 지하철 출근으로는 이 경쟁에서 이길 수 없다고 느낀 저는 바로 그날, 퇴근하는 길에 40만 원짜리 중고 오토바이를 구입했습니다.

그리고 다음 날 새벽 3시 15분에 집에서 나와, 새벽 4시 전에 출근을 하니, '아무리 그래도 그렇게까지는 못하겠다!'며 다른 직원들이 두 손 두 발 든 덕분에 이 출근 시간 경쟁에 종지부를 찍을 수 있었습니다(웃음).

이득을 보고 싶다면 손해 먼저 봐라

제가 점장이 된 지 반년이 지났을 때는 32명의 직원 모두가 2시간 전에 출근해 아침 8시엔 다 함께 광고지를 배포하게 되었습니다.

'일찍 일어나기'를 계기로 직원들의 '시간 활용법'에도 변화가 찾아왔고, 염색이나 펌을 기다리는 시간(15~30분)에도 밖으로 나가 광고지를 나눠 주는 등, 능동적으로 시간을 사용하게 되었습니다. 아침 시간대에는 '이성적'으로 일을 할 수 있기 때문에 트러블, 클레임, 실수도 줄어들게 되었습니다.

제가 미용사가 된 당시에는 새벽까지 일하는 '야행성'이 주를 이루는 분위기였고, 커트 연습, 회의, 강습회 모두 밤에 하는 것이 일반적이었습니다. 그렇기 때문에 직원들이 조기 출근으로 경쟁하는 어스 긴자점은 다른 곳들과 비교했을 때 이례적이었지요.

하지만 직원 모두가 '출퇴근 카드의 숫자'를 의식해 출근 시간을 앞당기고 나서는 생산성이 향상되었고 어스 긴자점의 월 매출은 2년 만에 3배(8천만 원에서 2억 4천만 원)로 뛰었습니다.
'일찍 일어나는 새가 벌레를 잡는다'는 말도 있지만 이득을 보기 위해서는 먼저 손해를 봐야 합니다.

더스킨^{일본 1위의 청소업체-옮긴이}의 창업자인 스즈키 세이치 씨는 더스킨의 경영 이념으로 '자신에게 손해와 이득의 길이 있다면 손해의 길을 갈 것. 타인에게는 기쁨의 씨앗을 뿌릴 것'(※2)을 내세우고 있습니다. 마찬가지로 저도 일찍 일어나는 습관을 통해 '손해 먼저 보는 것'에 대한 중요성을 배우게 되었습니다.

아침 일찍 일어나 광고지를 나눠주거나 매장 안을 청소하거나, 커트 연습을 한다고 해서 그것들이 바로 인사 평가나 급여에 반영되는 것은 아닙니다.
하지만 '밤에 외출하는 시간을 줄이고, 개인 시간을 쪼갠다'는 손해를 봄으로써 실력이 쌓이고, 이것이 주변의 평가로 이어져 훗날 응원과 인정이라는 커다란 이익으로 되돌아온 것입니다.

어스 긴자점의 월 매출이 3배로 뛴 것은 직원들 모두가 '먼저 손해 보는 것'을 마다하지 않았기 때문에 얻을 수 있었던 결과라고 생각합니다.

'더 일찍 일어나기'는 300억 원의 가치를 낳는다

어스 긴자점에서 출근 시간으로 경쟁이 벌어졌을 당시에는 오토바이를 타고서라도 새벽 4시에 출근을 했었지만, 매출로 전국 매장 1위를 찍은 후(긴자점의 월 매출 2억 4천만 원~2억 7천만 원 달성 후)부터 저는 마치 천하를 얻은 듯한 들뜬 기분에 조금씩 자만하게 되었습니다. 출근 시간이 늦어지기 시작한 것입니다.

그래도 오전 7시에는 출근을 했으니 '미용 업계에서 나만큼 일찍 일어나는 사람은 없다!'고 의기양양했습니다.

그런데 그때 고쿠분 사장이 저에게 잡지 하나를 건네주었습니다. 그 잡지의 기사에는 ㈜이찌방야(카레 하우스 코코이찌방야)의 창업자, 무네쓰구 도쿠지 씨에 대한 이야기가 실려있었습니다.

저는 이 기사를 읽고 '천하를 얻었다'는 자만심에 빠진 것에 부끄러움이 몰려왔습니다.

무네쓰구 씨는 아무리 늦게 자더라도 새벽 3시 55분에 기상해 새벽 4시 정도에는 출근하는 패턴을 유지하며 365일, 매일 하루도 빠짐없이 전국 각지의 고객 설문 조사를 전부 다 읽는다는 것이었습니다.

게다가 매일 아침 평균적으로 90분간, 태풍이 오나 눈이 오나, 열이 있거나 허리가 아픈 날에도 지역 봉사 활동의 일환으로 청소, 화단 관리에 힘쓰고 있었습니다. 그리고 경영에서 물러난 뒤에도 그 생활은 계속 유지되었습니다.

어떻게든 무네쓰구 씨의 제자가 되고 싶다고 생각한 저는 도저히 가만히 있을 수 없어 다음 날 바로 신칸센에 올라타 ㈜이찌방야의 본사가 있는 아이치현으로 향했습니다.

나고야역에서 갑작스럽게 무네쓰구 씨에게 예고 없는 전화를 걸어 무리인 줄 알면서도 "내일 아침 저도 함께 청소 활동에 참여하게 해 주십시오!"라고 요청을 드렸습니다. 그러자 무네쓰구 씨는 일면식도 없는 제게 "네. 좋습니다."라고 흔쾌히 허락해주었습니다.

다음 날 아침, 무네쓰구 씨와 함께 청소 봉사 활동에 참여하면서 저는 깨달았습니다. 바로 '경영에서 중요한 것은 판매 방식이나 시스템이 아니라 자세'라는 점이었습니다.

그리고 무네쓰구 씨는 이렇게 말했습니다.
"제가 감히 말하건대, 일찍 일어나서 벌레를 잡는 것이 문제가 아니라 일찍 일어나는 것 자체가 30억 원의 가치가 있는 일이며, 그보다 더 일찍 일어나는 것은 300억 원의 가치가 있는 일이라고 생각합니다. 해도 그만 안 해도 그만인 일은 누구나 하고 싶어 하지 않습니다. 하지만 누구나 꺼리는 일을 꾸준히 실천함으로써 자신(회사)의 성장으로 이어질 수 있는 것입니다."

- '일찍 일어나기' → 업무 시작 2시간 전에 출근
- '더 일찍 일어나기' → 업무 시작 4시간 전에 출근

사비를 투자해 자신의 이름을 딴 콘서트홀을 건설하거나, 초·중·고등학교에 관악기를 기증하는 등의 자선 활동에 힘쓰고 있는 것은 '기부 사회를 만들고 싶다'는 생각 때문이었습니다.

무네쓰구 씨가 '기부는 즐거운 것'이라고 확실히 말할 수 있는 것은 '먼저 손해 보는 자세'를 철저히 하고 있기 때문입니다. 무네쓰구 씨만큼의 먼저 손해 보는 자세는 힘들지 몰라도 일찍 일어나기라면 당장 내일부터라도 누구나 바로 시작할 수 있을 것입니다.

누구나 하기 싫어하는 '조기 출근'을 함으로써 '먼저 손해를 보는 것'. 회사를 위해, 지역을 위해, 고객을 위해 시간을 활용하는 것. 이것이 가장 간단하면서도 확실한 연봉 10억 원의 습관이라고 저는 믿고 있습니다.

'멋있다'가 연봉 10억의 원동력

지금 돌이켜보면 저는 어렸을 때부터 영웅 행세를 하며 모든 일들을 '멋있는 것'과 '멋없는 것'으로 단순히 나누어왔다는 생각이 듭니다.

스스로 '멋있다'고 믿는 일에는 '진심'이 우러나왔습니다.

미용사가 되고 싶다고 생각한 것도, 경영인을 목표로 한 것도 '멋있다'고 생각했기 때문입니다.

사람은 자신이 '멋있다고 느끼는 일'에는 진지하게 임할 수밖에 없는 존재입니다.

저의 학창 시절에는 '불량스러움=멋있다'라는 공식이 있었습니다. 〈'비 밥 하이 스쿨'〉(기우치 가즈히로의 불량 만화)을 동경해 제 나름대로 탈선을 하기도 했었습니다.

고등학교 시절 싸움으로 전국을 제패하는 것이 꿈이었던 저를 보고 고등학교 선생님께서는 '지금이 전국 시대^{일본의 역사에서, 1467년 오닌[應仁]의 난 때부터 1573년 오다 노부나가가 무로마치 막부를 완전히 멸망시킨 때까지의 시대-옮긴이}도 아니고 싸움을 잘한다고 해서 영웅이 될 수는 없다'며 고개를 젓곤 했습니다.

그리고 고등학교를 졸업한 후 같은 반 친구들의 대부분이 취직을 했을 때 저는 도쿄로 상경해 미용 전문학교에 입학했습니다.

미용사를 목표로 한 것은 훗날 '경영인'으로 가는 길이 펼쳐져 있다고 생각했기 때문입니다. 그때의 저에게는 '경영인이 되는 것'이 멋있는 일이었습니다. 더 솔직히 말하자면, 젊은 시절의 저는 '회사를 경영해 부자가 되는 것이 멋있다'고 생각했습니다.

자신의 미의식에 반하는 행동은 하지 않는다

유년 시절부터 어렴풋이 저는 '회사원이 아니라 경영인이 되고 싶다'는 생각을 했었습니다.

어스에 입사한 후 15년간 하루도 쉬지 않고 일을 할 수 있었던 것도, 다른 사람들보다 제일 먼저 출근할 수 있었던 것도 모두 스스로 정했던 규칙이니, '규칙을 깨는 것은 멋없는 일(실천하는 것은 멋있는 일)', '남들만큼 하고, 남들과 비슷한 결과만 내는 것은 멋없는 일'이라는 생각이 마음속에 있었기 때문입니다.

그리고 제가 연봉 2억 원의 벽을 깨고 연봉 10억 원을 달성할 수 있었던 것도,

- 자기 자신을 위해서만 돈을 버는 것은 멋없는 일
- 타인을 위해 노력하는 것이 멋있는 일

이라는 '미의식'을 가지고 있었기 때문입니다.

망설여질 때는 그 행동이 내게 있어 '멋있는 일'인지 '멋없는 일'인지로 결정 내린다, 그 행동이 멋있는지 아닌지 결정 내리는 것은 나의 미의식으로 판단한다, 그리고 내가 생각하는 '멋'의 기준을 일관성 있게 실천한다.

이처럼 나 자신의 내면에서 '멋있다'고 생각되는 일이라면, 몸은 자연스럽게 움직입니다.

저도 도쿄에 상경한 후 얼마 동안은 놀라울 만큼 궁핍한 생활을 했습니다. 전문학교의 학비도 스스로 직접 벌었으며, 미용사가 된 당시부터 세미나나 강연회에도 자비로 참가했었기 때문에 당연히 돈이

부족할 수밖에 없었습니다.

급기야 여기저기 돈을 빌린 탓에 스물세 살에 '빚만 5천만장자'가 되고 말았습니다. 3일을 굶은 날도 있었습니다. 전기, 가스는 끊겨 버렸고 끝내는 최종 방어선인 수도까지 끊기면서 담배를 피우고 싶을 때는 버려진 담배꽁초들을 주워 모으는 지경까지 이르렀습니다.

배가 고프다는 생각, 비참하다는 생각, 분하다는 생각도 들었습니다. 하지만 가난을 통해 비로소 '돈의 소중함', '돈 쓰는 방법', '돈을 잃는다는 사실에 대한 두려움'을 뼈저리게 깨닫게 되었습니다.

그래서 연봉 10억 원을 목표로 세운 것입니다.

서두에서도 말했지만 지금까지 기술한 것들을 행동으로 옮기는 데에는 특별한 재능도, 초기 비용도 필요 없습니다.

아무나 할 수 있지만, 누구도 하지 않는 '습관'을 꾸준히 실천하기만 하면 됩니다.

그렇게 하다 보면 '연봉 10억 원은 현실이 될 것'이라고 저는 굳게 확신하고 있습니다.

목차

머리말 4

HABIT 1. 기본 습관

습관 01 일은 '질'보다 '스피드'. '시작과 동시에 출발'하라! 32

습관 02 계산기를 두드리기만 해도 '돈'은 따라온다 37

습관 03 회의, 강의, 워크숍. 명당은 누가 뭐래도 '맨 앞자리' 41

습관 04 '30분 이내'에 출퇴근할 수 있는 곳에서 살기 46

습관 05 몸가짐, 인사, 접객을 철저히 하면, 문제의 80%는 해결된다 51

습관 06 '2시간 전 출근'은 억만장자의 기본 중 기본 57

습관 07 일찍 일어나면 연봉이 올라가는 6가지의 놀라운 이유 61

습관 08 자연스럽게 일찍 일어날 수 있는 3가지 비법 68

HABIT 2. 일의 습관

습관 09　잘못된 행동은 1번만 해도 10명이 따라 한다.
　　　　좋은 행동은 10번을 해도 1명밖에 따라 하지 않는다　74

습관 10　시간 활용법이 확 달라지는 4가지 '야마시타 규칙'　79

습관 11　'기한'을 정하고 '양'을 소화해야
　　　　최고의 '질'을 손에 넣을 수 있다　84

습관 12　마지막에 '한 발 물러설 수 있는' 사람이 연봉 10억을 번다　89

습관 13　'혼자 하는 사람'보다 '다른 사람에게 맡기는 사람'이
　　　　연봉 10억에 가까워진다　94

습관 14　초일류는 '2등급 위'의 시점을 가지고 일한다　99

습관 15　상대의 '장점'과 '단점'을 같은 개수만큼 말할 수 있다면
　　　　인간관계는 순조로워진다　105

습관 16　'3인 1조'의 팀이 가장 강력한 힘을 발휘한다　111

습관 17　'10년 계획'을 '숫자'로 바꿔 종이에 적고, 그대로 실천한다　116

HABIT 3. 생활의 습관

습관 18   연봉 10억 이상인 사람은 담배를 피우지 않는다   124

습관 19   식사는 '유명한 가게'보다 '명가'에서,
         '그 사람'이 있는 장소를 선택한다   128

습관 20   낙담하는 시간은 최대 3분까지   133

습관 21   매일 체중계에만 올라가도 연봉이 오르기 시작한다   137

습관 22   '일등석'에는 타면 안 된다   143

습관 23   돈의 소중함을 아는 사람은 '돈 없는 설움'을 경험한 사람   147

HABIT 4. 배움의 습관

습관 24   '2등급 위의 사람'이 권하면 무조건 따른다   154

습관 25   '매달 3권'의 책을 읽으면 현재의 문제가 해결된다   159

습관 26   '연봉 2억'의 벽을 깨는 딱 한 가지 사고방식   164

습관 27   연봉 10억을 목표로 한다면 경영자가 돼라   170

습관 28   돈 잘 버는 사람은, '경청'과 '칭찬'이 가능한 사람   175

습관 29   '소원'을 '다짐'으로 바꾸면 180도 행동이 달라진다   180

습관 30   커뮤니케이션의 '33% 법칙'   185

HABIT 5. 인생의 습관

습관 31 '양보할 수 있는 9'는 내버려두고,
        '양보할 수 없는 1'을 잡아라   192

습관 32 '3가지 약속', 도망치지 않는다, 변명하지 않는다,
        남 탓하지 않는다   196

습관 33 배우자 고르기의 3가지 포인트   201

습관 34 '역할 행동'을 위해서라면 7대의 경비행기라도 전세 낸다   206

습관 35 '99℃'와 '100℃', 이 1도의 차이가 인생을 바꾼다   212

습관 36 처음엔 '불순한 동기'여도 괜찮다.
        정말 중요한 것은 '물욕'을 갖는 것   218

맺음말   225

HABIT 1.
기본 습관

습관 01
일은 '질'보다 '스피드'. '시작과 동시에 출발' 하라!

 일에서 중요한 것은 '질'보다 '스피드'입니다. 특히 초일류 세계에서는 '시작과 동시에 출발' 하지 않으면 모두 '지각'이라고 간주됩니다. 즉, 총소리를 듣자마자 출발할 정도의 여유가 없으면 애초에 승부를 위한 경기 무대에조차 올라갈 수 없는 것입니다.
 이전에 화장품 제조사인 A사의 공모 현장을 견학한 적이 있습니다. 이 공모는 'A사 자체 브랜드(스킨)' 개발을 담당하는 수주업체를 선정하는 자리로, 여러 회사들이 참가했었습니다.
 당일 A사가 각사를 대상으로 상품에 관한 오리엔테이션을 진행하고, 참가한 업체들은 1주일 기한으로 기획서를 제출하는 수순이었습니다.
 그런데 수주 업체는 공모가 끝난 지 '1시간 만'에 정해졌습니다.

수주한 곳은 B사였습니다. B사가 선정된 이유는 '바로 지금 기획서가 왔기 때문'이었다고 합니다.

기획서 제출까지 1주일이라는 유예 기간이 있었음에도 불구하고, B사의 담당자는 공모가 끝난 지 불과 '1시간 후'에 괴물 같은 스피드로 기획서를 보낸 것입니다.

저는 A사의 사장에게 물었습니다.

"다른 회사의 기획서는 보지도 않고 결정해버려도 되는 건가요?"

그러자 다음과 같은 대답이 돌아왔습니다.

> 스피드는 곧 진심과 열정을 나타내는 것입니다. 열정이 식기 전에 바로 행동으로 옮기는 사람은 틀림없이 훌륭하게 일을 해내고 맙니다. 그래서 저는 일 처리 속도를 보고 분명 일을 잘할 것으로 판단했습니다.

후에 B사의 담당자와 이야기를 나눌 기회가 생겨 '어떻게 그런 괴물 같은 스피드로 스킨 기획서를 제출한 것이냐'고 물은 결과, 그 담당자는 '빠른 스피드는 그 자체만으로 어드밴티지가 된다'는 생각을 가지고 일하고 있다는 사실을 알았습니다. 그리고 그는 이어서 이렇게 말했습니다.

"일류인 사람과 일류인 사장 중에는 대개 성격이 급한 사람이 많습니다. 아무리 좋은 기획을 제출해도 일 처리가 느리면 그 시점에서 이미 승부에서 제외됩니다. 그래서 기획이 채 다듬어지지 않았을지언

정 저는 빠른 스피드를 우선시하는 것입니다. 상대방이 '이건 좀 시간이 걸리겠는데?'라고 생각하고 있는 일일수록 상대방이 놀랄 만한 수준의 스피드를 보여주죠. 그렇게 하면 설사 기획의 내용이 완벽하지 않더라도 그 기획서는 선택받게 되어있습니다."

경험이 많지 않고 아직 서투를 때 '일이 느린 것'은 어쩔 수 없습니다. 하지만, '시작이 느린 것'은 치명적입니다.

'일이 느린 것은 능력의 문제'이지만, '시작이 느린 것은 자세의 문제'이기 때문입니다.

공모 참가자 중 B사의 담당자는 가장 경력이 적었습니다. 그래서 내용으로 승부를 본 것이 아니라, '괴물 같은 스피드의 승부'로 몰아가 출발 신호가 울리자마자 시작하기로 한 것입니다. 그리고 그 '자세'를 높이 평가받아 보기 좋게 '수주'라는 승리를 거머쥔 것입니다.

행동이 먼저, 생각은 그다음

예전에 제가 경영하는 미용실의 각 매장을 대상으로 헤어 염색 쿠폰의 판촉 방식에 대해서 강의를 한 적이 있습니다. 그때 많은 점장은 망설였습니다. '쿠폰 판촉이 잘 될 리가 없다'고 시작도 하기 전에 단정해버린 것입니다. 특히 베테랑 점장일수록 지금까지의 방식에 길들어 있어서였는지 실행에 옮기지 못했습니다.

하지만 당시 어스 하마마쓰 시토로점의 점장이 된 지 얼마 되지 않았던 기무라 세이야 씨만은 달랐습니다. '신참이니 혼자만의 생각으로 판단하지 말고, 일단 시도해보자. 정말 그렇게 하면 쿠폰이 팔릴지는 잘 모르겠지만, 어쨌든 해보자'고 생각해 곧바로 실행으로 옮겼습니다. 아침 일찍 하마마쓰역 앞에서 노상 판매, 사무실과 호텔을 대상으로 방문 판매, 이자카야의 옆자리에 앉은 사람들에게까지 판매를 하는 전대미문의 방식을 펼쳤습니다. 기무라 씨의 진지한 자세에 직원들까지 모두 자극을 받았고, 그 결과 헤어 염색 쿠폰 매출이 전국 1위! 4년 후에는 매장의 월 매출이 4,300만 원에서 2억 5,800만 원까지 무려 6배로 뛰었습니다. 그리고 기무라 씨는 이제 8개 매장의 프랜차이즈 오너가 되어 연매출 60억 원, 직원 100명을 이끄는, 어스가 자랑하는 경영인으로 자리매김을 했습니다.

과거와 똑같은 방식으로는 과거와 똑같은 결과밖에 얻을 수 없습니다. 오히려 과거보다 더 안 좋아지는 경우도 있습니다. 커다란 결과를 낳고 싶다면, 설사 이해가 가지 않더라도 '지금과 다른 방식'을 받아들이고 일단 해 보는 겁니다. 가능과 불가능을 판단한 뒤에 행동하려고 하면 '스피드'를 잃게 됩니다. 먼저 괴물 같은 속도로 시도하는 것. '행동이 먼저, 생각은 그다음'입니다.

'행동'함으로써 비로소 '올바른 사고'가 가능한 것입니다. 중요한 것은 '첫걸음을 최대한 빨리 내딛는 것'입니다. 출발 신호와 동시에 내딛는다면 더더욱 베스트입니다.

memo memo

스피드는 곧 진심과 열정, 시작이 느리면 일을 대하는 자세에 문제가 있다.

습관 02
계산기를 두드리기만 해도 '돈'은 따라온다

연봉 10억 원 이상을 벌고 싶다면 '수학'을 사랑해야 합니다. '돈이라는 것은 숫자로 표현되는 경제 활동의 산물'이기 때문에 숫자에 강해지지 않으면 당연히 부자도 될 수 없습니다.

저는 예전부터 '숫자 알레르기'가 있었습니다. '미용사는 아티스트이며, 크리에이티브한 일을 하는 사람에게 숫자는 필요 없다'고 생각했지만, 연매출 7,500억 원, 직원 수 8,000명, 연봉 128억 원의 아파만숍 창업자, ㈜산코 소프란 홀딩스의 다카하시 세이치 회장에게서 '숫자에 약한 사람은 돈과 인연이 없는 사람'이라는 조언을 들었습니다.

❝ "그럼 숫자에 강해지려면 어떻게 하면 되나요?"라고 제가 질문을 하자, "야마시타 군. 별거 없네. 그냥 계산기만 가지고 다니면 되네. 평소에 탁탁탁 리드미컬하게 계산기를 두드리는 것만으로도 돈은 따라오게 돼 있는 법이지. 알겠나? 믿지도 말고 의심도 하지 말게. 그저 확인만 하면 되네."라는 대답으로, 계산기를 두드려야 한다는 사실을 알려주었습니다. ❞

그렇게 다카하시 회장과 헤어지자마자 저는 그 길로 가전제품점으로 돌진해 전자계산기를 산 후 애칭까지 붙이고는, 매장에 들어가는 비용을 계산해보기로 했습니다. 항상 계산기를 몸에 지니고 두드리기를 3개월 정도 하자, 저의 '숫자를 바라보는 시각'은 확연히 달라졌습니다. 조금씩 '숫자의 배경'과 '그 숫자가 암시하고 있는 현장의 상황'을 읽을 수 있게 된 것입니다.

제가 3개월간 계산기를 사용하면서 깨달은 '계산기 두드리기의 메리트(숫자에 강해지는 메리트)'는 다음의 3가지입니다.

1. 현장의 '비정상수치'를 조기에 발견하고 조기에 해결할 수 있다

매일 모든 매장들의 숫자를 보고 있으면 '비정상수치'를 판별할 수 있게 됩니다.

어느 매장의 헤어 염색 비율이 적게 나타나 그 원인을 조사해보니, 헤어 염색제의 재고가 부족하다는 사실을 알게 되었습니다. 저는 바로 재고를 늘리도록 지시를 내렸고 덕분에 기회 손실을 줄일 수가 있었습니다.

2. 직원의 '눈속임'을 견제할 수 있게 된다

부끄러운 이야기지만, 예전에 저희 직원이 매장의 상품(샴푸나 스타일링제 등)을 마음대로 집으로 가져갔던 적이 있었습니다. 자신이 사용하려고 한 것이죠.

하지만 제가 직원의 눈앞에서 계산기를 두드리며 '사입 비율' 등을 계산하는 모습을 보이고 난 후부터는 직원이 숫자로 눈속임을 하는 일은 없어졌습니다.

그리고 직원들은 저에 대해서 '항상 숫자를 꼼꼼하게 확인하고 있기 때문에 거짓말할 수가 없다', '정확하게 매출을 보고하지 않으면 바로 들킨다'는 인상을 느끼게 되었습니다. 계산기를 두드리는 일이 이른바 직원들에게 '견제구'가 된 것입니다.

3. 숫자의 트릭에 더는 넘어가지 않는다

이는 극단적인 예이지만, 만약 '10억 10만 원' 하는 아파트가 다음 날 가격이 10만 원 내려가서 '10억 원'이 될 거라는 사실을 알고 있어도 대부분의 사람은 다음 날까지 기다리지 않을 것입니다. '10억 10만 원'이나 '10억 원'이나 큰 차이가 없다고 생각해버리기 때문입니다.

하지만 '10만 원짜리 와인이 다음 날 무료가 된다'는 사실을 알고 있다면, 대부분의 사람은 다음 날까지 기다릴 것입니다. 즉 같은 '10만 원'이지만 '10억 10만 원 아파트'일 때는 '10억 원'이라는 큰 숫자에 온통 의식이 쏠려 있어서 '10만 원의 가치'를 냉정하게 판단하지 못하고 그냥 사버립니다.

소비자 심리를 고려한 가격 설정으로 '심리적 가격'이라고 불리는 것이 있습니다. 5,000원이나 10,000원처럼 딱 떨어지는 숫자보다 4,980원, 9,800원으로 가격을 설정하는 것이 소비자에게 이득을 본다는 인상을 심어주어 구매 의욕을 자극한다는 것입니다.

하지만 계산기를 가지고 다니게 된 후부터는 이 같은 '숫자의 트릭'에 넘어가지 않게 되었습니다. 상품의 가치와 가격을 객관적으로 판단할 수 있게 된 것입니다.

연봉 10억 원 이상을 벌고 싶다면, 숫자에 강해져야 합니다. 숫자에 강해지기 위해서는 숫자를 매일 눈으로 봐야 합니다.

그리고 매일 즐거운 눈으로 숫자를 보기 위해서는 '항상 계산기를 가지고 다니는 것'이 가장 단순하면서도 가장 효과가 좋은 방법입니다.

---

memo memo

계산기를 두드리면 생기는 이득

1. 현장의 '비정상수치'를 조기에 발견하고 조기에 해결할 수 있다.
2. 직원의 '눈속임'을 견제할 수 있게 된다.
3. 숫자의 트릭에 더는 넘어가지 않는다.

습관 03

회의, 강의, 워크숍.
냉낭은 누가 뭐래도 '맨 앞자리'

    10대 시절의 저는 '다른 사람의 이야기를 진지한 자세로 듣는 것은 볼품없는 짓'이라고 생각했었습니다. 삐딱하게 앉아 지루하다는 듯한 표정으로 이야기를 듣는 것이 더 멋있다는 착각을 하고 있었습니다.

    학창 시절의 자리는 항상 맨 뒷자리였고, '앞에 앉는 것은 공부벌레들이나 하는 행동'이라며 무시하곤 했습니다. 사회에 나와서도 그 자세는 변함이 없어서, 사내 워크숍이 열릴 때면 두말할 것 없이 맨 뒷자리가 저의 지정석이었습니다.

    그렇게 사회인이 된 지 반년 정도가 지났을 때의 일입니다. 이전 직장이었던 회사에서는 정기적으로 사장님 주최의 사내 워크숍이 열렸었습니다. 제가 여느 때처럼 맨 뒷자리에 앉으려 하자 직속 상사였던 점장님은 제게 이런 말을 했습니다.

> 야마시타. 뒷자리에 앉으면 안 돼. 앞자리가 비어있잖아? 앞자리가 '명당'이야. 비싼 자리니까 앞에 앉아야 아깝지 않지.

맨 앞자리에서 한 번 듣는 것은 맨 뒷자리에서 열 번 듣는 것과 같다

맨 앞자리에 앉아본 저는 점장님이 '명당'에 비유한 이유를 깨닫게 되었습니다. 그리고 '앉는 자리를 바꾸는 것만으로 배움의 깊이가 완전히 달라지는 것'을 몸소 느꼈습니다.

제가 느낀 '맨 앞자리(명당)'와 '맨 뒷자리'의 차이는 다음의 4가지입니다.

1. '내 일'이라는 의식이 생겨난다

강사가 '자신'에게 직접 이야기를 전달해주는 것처럼 느껴지기 때문에 '내 일'인 것처럼 이야기를 들을 수 있게 됩니다. 맨 앞자리에서 이야기를 듣게 되고 난 후부터 저는 노트에 필기하게 되었습니다. 게다가 들은 내용을 그대로 받아 적는 것이 아니라, '오늘 배운 것을 내일의 일에 활용하기 위해서 무엇을 해야 할까?'라는 생각을 하게 되었고, '○○을 습관 들이자', '○○을 유념해 행동하자'라고 '행동 수준'에까지 대입해 빽빽하게 노트를 채우게 되었습니다. 그 결과, 배운 것을 다음 날부터 바로 실행할 수 있게 되었습니다.

2. 앞자리에 앉은 사람들의 의식은 뒷자리 사람들과는 다르다

뒷자리에 앉는 사람들은 예전의 저랑 마찬가지로 '공부는 성가신 것'이라고 생각하는 사람들이 많아, 강사의 이야기를 진지하게 듣지 않습니다. 푸념을 늘어놓거나 사담을 하거나 심지어 자는 사람까지도 있습니다. 하지만 맨 앞자리에 앉은 사람들은 강사가 바로 눈앞에 있기도 하고, 근본적으로 진취적인 사람이 많기 때문에 자세가 흐트러지는 경우가 없습니다.

3. 강사가 내 얼굴을 기억할 수 있다

맨 앞자리에 앉는 것만으로 '열정이 있는 사람'이라는 인상을 줄 수가 있습니다. 그리고 강사와 대화를 할 수 있는 기회도 생기기 때문에 강사가 내 얼굴을 잘 기억합니다.

강의 중에 강사가 "고향이 어디죠? 시즈오카? 아, 그럼 ○○씨와 같은 곳이군요."라고 말을 건넨 적이 있습니다. 그런가 하면 어떤 상장 기업의 회장님께서는 "야마시타 군. 경영인이 자네처럼 외모에 신경 쓰면 못써. 하하." 하고 저를 농담 소재로 삼을 만큼 제 이름을 똑똑히 기억하는 경우도 있었습니다.

어느 억만장자는 '앞자리에 앉는 사람이 사회에서 활약할 가능성이 많고, 나라의 발전으로 이어진다'라는 이유로 회식에 참석하면 일부러 '앞자리에 앉았던 사람'과 함께 술을 마신다고 합니다.

실제로 저도, "강의가 끝난 다음에 술 한잔하러 갈까 하는데, 어떤 분들께 같이 가자고 할지 고민이군요. 맨 앞자리에 앉으신 분들이 함께 가시겠습니까?" 하고, 그저 단순히 맨 앞자리에 앉았다는 이유만으로 뒤풀이 멤버에 선정된 적이 있었습니다.

　물론 뒤풀이에서도 강사의 바로 앞에 앉아 마지막 순간까지 자리를 함께 했죠.

4. 뒤에서는 보이지 않는 강사의 '표정'을 볼 수 있다

　뒷자리에서는 들리지 않는 '작은 목소리', '숨소리', '가벼운 농담', '몸짓', '열정의 온도'가 전해지고, 뒷자리에서는 보이지 않는 강사의 '세세한 표정'을 볼 수가 있습니다. 그렇게 현장의 생생함을 통해 더욱 깊이 있는 배움을 얻을 수가 있는 것입니다.

　맨 앞자리에서 한 번 듣는 것은 맨 뒷자리에서 열 번 듣는 것이나 마찬가지입니다. 그러니 회의나 강연에 참석할 때에는 망설이지 말고 맨 앞자리에 앉도록 합시다. 대체로 맨 앞자리는 비어 있으니 자리 경쟁할 일도 없어요(웃음).

　최대한 중심인물(강사) 가까이에서 이야기를 듣는 것이 보다 많은 '배움'을 얻어 내 것으로 만들 수가 있는 것입니다.

memo memo

맨 앞자리에 앉으면 생기는 이득

1. '내 일'이라는 의식이 생겨난다.
2. 앞자리에 앉은 사람들의 의식은 뒷자리 사람들과는 다르다.
3. 강사가 내 얼굴을 기억할 수 있다.
4. 뒤에서는 보이지 않는 강사의 '표정'을 볼 수 있다.

습관 04

'30분 이내'에 출퇴근할 수 있는 곳에서 살기

제가 생각하는 가장 이상적인 출퇴근 시간은 '0분'입니다. 출퇴근 시간은 비생산적인 시간으로 아무것도 만들어낼 수 없는 시간이기 때문입니다.

출퇴근 시간을 활용해 책이나 신문, 스마트폰을 훑어보며 정보를 수집하는 것도 나쁘지는 않습니다. 하지만 '1분이라도 빨리 회사에 도착해 업무를 시작'하는 편이 더 생산성이 높기 때문에 연봉은 더 빨리 올라갑니다. 돈을 만드는 것은 '정보'보다 '행동'입니다.

그렇기 때문에 직장과 자택은 최대한 가까운 것이 좋습니다. '출퇴근 시간은 Door to Door로 30분 한계설'이 저의 지론입니다.

저는 '사람이 행복하다고 느낄 수 있는 출퇴근 시간은 30분이 한계'라고 생각하고 있기 때문에, 출퇴근하는 데 1시간이 걸리는 사람이 직장까지 30분 만에 갈 수 있는 사람과 같은 행복을 느끼기 위해서는 그 사람보다 '30% 더 돈을 벌어야 한다'고 생각합니다.

이는 즉, '출퇴근에 소비하는 1시간은 연봉 30%만큼의 가치가 있다'='평균 연봉 4,500만 원×30%=1,350만 원만큼의 가치'라고 해석할 수 있는 셈입니다.

미용 전문학교를 갓 졸업했을 당시, 저는 도내에 있는 어느 미용실에서 일했습니다. 세 들어 살고 있던 집은 미용실까지 편도 1시간 30분이 걸리는 곳이었습니다. 왕복으로는 무려 3시간. 저는 이 3시간을 그저 멍하니 보내고 있었습니다.

그런데 그때 미용실 업계의 거물 사장이 '연봉 10억 원을 달성하려면 하루를 온전히 업무에 쏟아부을 각오가 있어야 한다'고 충고했습니다.

> 20살부터 60살까지 1일 3시간을 출퇴근 시간에 썼다고 가정하면, 3시간×365일×40년=4만3,800시간이라는 계산이 나온다. 이 4만3,800시간은 햇수로 치면 '5년'이다. 40년 중 5년 동안은 아무것도 생산해내지 못했다는 말이 된다. 정신이 번뜩 들지 않는가? 너무나도 아까운 이 시간을 위해 직장과 가까운 곳으로 이사하는 것이 더 좋지 않겠는가.

저는 그 사장의 조언에 따라 바로 다음 달에 이사했습니다. '최대한 가까운 곳'으로 가자는 마음으로 미용실과 도보 7~8분 거리에 있는 방을 얻은 것입니다.

이사를 하면 월세 이상으로 더 큰 가치가 되돌아온다

그런데 한 가지 문제가 있었습니다. 바로 월세였습니다.

보통 미용실은 땅값이 가장 비싼 곳에 위치하므로 그 근처에 집을 얻게 되면 아무래도 월세가 올라가기 마련이었습니다. 60만 원이었던 월세가 단번에 90만 원으로 올라갔습니다. 당시 월급의 실수령액이 120만 원이었으니, 월세를 내고 나면 남는 것은 단돈 30만 원이었습니다.

하지만 이사를 하고 나서 머지않아 직장 사람들의 시선이 확연히 달라졌습니다.

이사를 하기 전까지는 '어차피 야마시타는 곧 그만두고 도망칠 거니까 가르쳐봤자 시간 낭비'라고 상대해주지 않았지만, 이사를 하고 난 뒤에는 '일 때문에 이렇게 가까운 곳으로 이사까지 했다니!'라고 생각하여 선배들이 진심으로 대해주기 시작한 것입니다. 함께 커트 연습을 한다거나, 단골 고객을 저에게 맡겨준다거나, '헤어 쇼'(로스앤젤레스에서 개최되는 세계 대회)의 출전을 허락해주는 등 기술과 인간관계의 요령을 터득할 기회를 얻을 수 있게 된 것입니다.

그리고 사장님과 선배들이 '회사 근처에서 사니까 23시 45분까지 마셔도 24시에는 잘 수 있다'는 이유로 퇴근길 술자리에도 자주 불러주었고, 월급에서 남는 돈이 30만 원뿐이라는 사실도 완전히 밝혀진 상황이었기 때문에 돈을 내지 않아도 됐었습니다.

식사하면서 사장님을 비롯해 점장님, 선배들의 지금껏 쌓아온 경험담을 듣고, 이상적인 업무 자세를 배울 수 있었던 것입니다.

경영 컨설턴트인 오마에 겐이치 씨는 "자신을 바꾸기 위한 방법으로 예부터 사용해온 나만의 간단한 세 가지 방법이 있다. 그것은 바로 시간의 배분 방식을 바꾸는 것, 사는 곳을 바꾸는 것, 그리고 사귀는 사람을 바꾸는 것이다."(※3)라고 말합니다. 하지만 저는 사는 곳을 바꾼 것만으로 시간의 배분 방식이 달라졌고, 선배들과 함께 하는 자세도 달라졌으며, 들어오는 정보의 질이 달라졌습니다.

90만 원의 월세는 결과적으로 '굉장히 저렴'했다고 생각합니다. 만약 60만 원짜리 방에서 그대로 살았다면 나 자신에게 변화를 줄 수 없었을 것이고, 미용사를 그만두었을지도 모릅니다. '출퇴근 시간을 단축하는 것'만으로도 연봉은 올라갑니다. 출퇴근하는 데 30분 이상 걸리는 분들은 이사해보는 것도 하나의 방법입니다(가장 이상적인 것은 10분 이내 위치).

'이사'는 늘어나는 월세 이상의 큰 가치를 얻을 수 있는 강력한 자기 투자입니다.

memo memo

집이 회사 근처에 있으면 생기는 이득

1. 정보를 빨리 수집해 생산성을 올리고 생산성을 올리면 연봉도 올라간다.

2. 회사 사람들과 친해져 나 자신에 대한 평가도, 정보 수집력도 올라간다.

습관 05
몸가짐, 인사, 접객을 철저히 하면, 문제의 80%는 해결된다

2002년, 저는 ㈜생추어리라는 회사를 설립해 어스 긴자점의 FC(프랜차이즈) 오너가 되었습니다.

입사 2년 차, 스물여섯 살이란 나이에 독립했다는 것에 득의양양해진 저는 굉장히 거만해졌고 항상 독불장군처럼 행동했습니다. 특히 인사를 하지 않는 직원(후배)에게는 엄하게 대해, '왜 먼저 인사를 안 하는 것이냐!'고 호되게 화를 낸 적도 있었습니다.

그 당시의 저는, 인사는 부하 직원(후배)이 상사(선배)에게 하는 것이라고 단정 짓고 있었습니다.

하지만 이는 잘못된 생각이었습니다. '진정한 인사'는 선배와 후배, 그리고 윗사람과 아랫사람에 관계없이 '자신이 먼저 하는 것'이었던 것입니다.

그 사실을 알려준 것은 헤어 메이크 업계의 슈퍼스타로 알려진 아라이 다다오 씨였습니다.

미용 업계의 관계자들이 모이는 파티 자리에서 아라이 씨를 뵌 적이 있었습니다.

아라이 씨와는 몇 년 전에 한 번 명함 교환을 한 적이 있었으나, '안면이 있다'고 말할 정도의 교류는 없었기 때문에 다시 인사를 하러 갈 생각이었습니다.

그런데 그때 아라이 씨가 먼저 다가와 "안녕하세요. 야마시타 씨. 오래간만입니다. 그때는 감사했습니다."라고 고개를 숙이며 악수를 청한 것입니다.

몇 년 전에 명함 교환한 것이 전부인 일개 미용사(나)를 기억하고 있다는 사실에도 놀랐지만, '인사는 후배가 먼저 하는 것'이라고 생각하고 있었던 제게 대선배인 아라이 씨가 '먼저 말을 건네주었다'는 사실은 실제로 '쿵!' 하는 소리가 난 듯한 착각이 들 만큼의 충격이었습니다. 아라이 씨 정도의 유명인이라면 그 자리에 서 있기만 해도 많은 사람들이 모여들 것이 분명했습니다. 그런데도 아라이 씨는 자진해서 회장을 돌며 먼저 인사를 건네는 것이 아니겠습니까.

아라이 씨의 겸손함과 배려, 예의, 공손함을 마주한 저는 실로 소름이 돋았습니다. 그리고 '고작 한 매장의 오너'가 된 것으로 의기양양했던 자신의 어리석음이 부끄럽게 느껴졌습니다.

아라이 씨에게 자극 받은 저는 당장 다음날부터 상대가 선배든, 후배든 관계없이 '미소를 띤 채 예의를 갖춰 먼저 큰 목소리로 인사'

를 하게 되었습니다.

그때까지의 저는 소위 매장 안의 '독재자'로 직원들에게 지시를 따르기만을 강요했었습니다. 리더로서 실격이었던 것이죠.

하지만 제가 '상대가 누구든 먼저 인사'를 하게 된 뒤로는 매장에 활기가 돌기 시작했고, 진정한 의미에서 직원들의 협조를 얻을 수 있게 되었다는 생각이 듭니다.

'예의 바른 인사'는 '기회'를 얻기 위한 '투자'이다

어스 마쓰모토 쇼나이점은 그 일대에서도 땅값이 가장 비싸기로 유명한 곳에 있습니다. 입지로만 보면 굉장히 매력적인 곳이었기 때문에 당시 땅 소유주에게 출점 신청을 한 회사가 36개사나 되었다고 합니다.

그런데 어떻게 어스가 그 자리를 차지했는지 아십니까?

> 훗날 땅 소유주에게 물어보니 "출점 이야기를 꺼낸 모든 사장과 만나봤지만, 야마시타 씨가 가장 예의 바르게 인사를 해주었습니다. 야마시타 씨와 만나면 굉장히 마음이 편안했습니다. 저는 그런 기분 좋은 사람이 제 땅을 이용해주면 좋겠다고 생각했던 것입니다." 하고 대답했습니다. 예의 바른 인사가 바로 결정타였던 것입니다.

요코하마점을 출점할 때에도 '인사'가 큰 역할을 했습니다. 소유주가 '아무에게도 임대할 생각이 없다'고 못 박고 있었는데 저희에게 임대해주었던 것입니다.

출점할 토지나 물건은 부동산업자를 통해 찾는 것이 일반적입니다. 하지만 저는 업자의 중개 없이 직접 물건의 소유주를 찾아가 인사를 드렸습니다. 그러자 그 소유주는 "미용실 직원이 직접 인사를 하러 온 것은 야마시타 씨가 처음입니다. 당신에게라면 우리 물건을 맡겨도 좋겠군요."라는 말과 함께 저를 신뢰해주셨습니다.

'예의 바른 인사'는 '투자'입니다. '예의 바른 인사'를 하면 사람들의 마음을 얻을 수 있고 적을 만들지 않습니다. 그렇기 때문에 '기회'라는 가치를 얻게 되는 것입니다. '기회'와 '행운'은 모두 '사람이 가져다주는 것'입니다. 그런 만큼 예의 바른 인사로 사람들을 대하고, 그럼으로써 자신의 품성을 더욱더 좋게 하는 비결로 삼아야 할 것입니다.

상대방이 윗사람이든 아랫사람이든 인사는 자신이 먼저 건네는 것. 그리고 미소를 잃지 않고 큰 목소리로 생기 있게 인사를 하는 것. 이를 실천하면 많은 기회가 몰려올 것입니다.

'몸가짐, 인사, 접객'을 철저히 하면 문제의 80%는 해결된다

제가 어스 긴자점의 점장이 되었을 당시 긴자점은 그룹의 전체 지점에서 가장 성적이 나빴던 매장이었습니다. 고객으로부터 '직원들이 단정치 못하다'는 꾸중이나 클레임이 많이 접수되었고, '어스'의 다른 지점에도 무시당하기 일쑤였습니다. 저는 너무나도 분한 마음에 밤에 혼자서 담배를 몇 갑이나 연달아 피운 적도 있었습니다.

사람의 내면은 그리 쉽게 변하지 않습니다. 직원들의 내면을 바꾸기 위해서는 시간이 필요합니다. 그래서 저는 '내면을 바꿀 수는 없다고 하더라도, 외면(외관)은 금방 바꿀 수 있을 것'이라고 생각해, '몸가짐'과 '인사', '접객'에 관한 자체 기준을 만들었고 한 장의 종이로 정리한 그것을 직원들 모두에게 나눠준 뒤 철저히 행동으로 옮기도록 했습니다.

- '심하게 흐린(얇은) 눈썹', '과도한 태닝', '수염', '금발 염색'은 금지
- 인사를 할 때는 허리만 숙이기(고개는 숙이지 않기). 2초에 걸쳐 숙이고 2초 동안 멈춘 후 3초에 걸쳐 올라오기
- '목소리로 인사하는 것'과 '몸을 숙여 인사하는 것'을 구분하기
- 듣는 자세일 때는 '배꼽과 얼굴, 눈'은 상대방에게 향하고, 대답은 크게, 말끝은 올리기

위와 같은 규칙을 정해 착실히 수행토록 지시한 것입니다. 그러자 긴자점에는 극적인 변화가 찾아왔습니다.

생기 넘치는 큰 목소리로 인사를 하기 시작하자, 매장 안의 분위기가 밝아졌습니다.

말끝을 올려 대답하기 시작하자, 고객들에게 긍정적인 인상을 심어줄 수 있게 되었습니다. 외관에 변화를 준 것뿐인데 내면도 변하기 시작했고, 그에 따라 행동이 변하여 실적까지 달라진 것입니다.

'몸가짐'과 '인사', '접객'을 철저히 하는 것만으로 클레임과 사내

분쟁의 80%는 해결됩니다. 우선은 '외관'을 단정히 하는 것. '인사' 자세를 바꿔보는 것. 그러면 주변 사람들의 보는 시선과 함께 평가도 달라지며 결과적으로 인생에 큰 변화가 시작될 것입니다.

memo memo

예의가 바르면 생기는 이득

1. 사람들의 마음을 얻을 수 있고 적을 만들지 않는다. 그래서 '기회'라는 가치를 얻게 된다.

2. 회사 분위기가 밝아진다.

3. 외관이 변하면서 자연스럽게 내면도 변하고, 그에 따라 실적까지 올라간다.

습관 06

'2시간 전 출근'은
억만장자의 기본 중 기본

    회사에서 '최대 매출'을 올리거나, '최대 고객 수'를 달성하기 위해서는 어느 정도의 커리어가 필요합니다. 그렇지만 당장 내일부터라도 '1등'이 될 수 있는 것이 있습니다. 무엇이라고 생각하십니까?
    바로 '출근 시간'입니다. 다시 말해 '일찍 일어나는 것'입니다.
    일찍 일어나는 것은 누구나 1등으로 할 수 있습니다. 입사 경력도, 나이도, 학력도, 실적도, 경험도 모두 필요하지 않습니다. 실력으로는 당해 낼 수 없는 선배나 동료라도 '일찍 일어나기'라면 지금 당장이라도 이길 수가 있습니다.

    저는 2001년 1월, 스물네 살 때 5년 9개월간 근무했던 도내의 미용실을 퇴사하고 어스 긴자점에 입사했습니다.

당시의 저는 커트 기술과 접객 서비스 모두 서툴러 누가 봐도 실력 부족이었습니다. 매출, 고객 수 모두 점장님의 발끝에도 미치지 못했습니다. '실적이 나오지 않는다'는 초조함을 이겨내지 못하고, 항상 조급해했습니다. 날이 갈수록 늘어난 것은 담배꽁초의 개수뿐이었습니다.

그런 저에게 ㈜어스홀딩스의 창업자인 고쿠분 도시하루 사장은 1등을 손에 넣을 수 있는 '가장 빠르고', '가장 짧은 기간 내에 가능하고', '가장 강력한' 방법을 알려주었습니다. 그 방법은,

'일찍 일어나기(1등으로 출근하는 것)'

였습니다. 고쿠분 사장은 '출퇴근 카드의 숫자도 중요한 실적인 만큼, 1등으로 출근할 수 있다면 머지않아 매출에서도 1등이 될 것'이라는 지론을 가지고 있었습니다.

업무 시작 시각에 맞춰 출근하고 2시간 야근을 하는 것과, 업무 시작 2시간 전에 출근해 정시에 퇴근하는 것의 근무 시간 '길이'는 같습니다. 그런데 왜 '출근 시간을 앞당기면 실적이 오르는 것인지', '1등으로 일찍 일어나는 것에 어떤 의미가 있는 것인지' 솔직히 그때의 저는 잘 이해가 가지 않았습니다.

하지만 어떻게든 결과를 내고 싶었던 제게는 '일찍 일어나는 것'만이 유일한 희망이었습니다. 그리고 다음 날 바로 커다란 알람시계를 구입해, '업무 시작 2시간 전(오전 7시)'에 출근해보기로 마음을 먹었습니다. 그러자 '일찍 일어나기'의 성과는 바로 나타났습니다.

일찍 일어나기를 시작한 지 2개월 뒤인 2001년 3월에는 긴자점 점장으로 발탁되었습니다. 그리고 같은 해 11월에는 월간 개인 매출이 5,000만 원을 넘었고(스타일리스트의 평균 매출은 1,000만 원), 긴자점뿐만 아니라 어스 전국 지점 1위를 거둘 수 있었습니다.

출근 시간이 빨라질수록 연봉은 계속해서 올라갔고 6년 후인 2007년, 서른한 살의 나이에 마침내 제 연봉은 '10억'을 넘어섰습니다.

연봉 1억 4천만 원 이상 버는 사람들의 60% 이상은 아침형 인간

아침형 인간(아침에 여유 있게 일어나 자신을 위해 시간을 사용하는 사람)은 저녁형 인간보다 연봉이 높다는 조사 결과가 있습니다.

연봉 4,000만 원 미만에서는 아침형 인간이 약 30%인 것에 반해 연봉 1억 4,000만 원 이상에서는 60% 이상이 아침형 인간이었으며, 연봉이 높아질수록 아침형 인간의 비율도 함께 증가하고 있습니다[※4].

왜 일찍 일어나면 연봉이 올라가는 것일까요? 일찍 일어나는 것과 연봉(실적)의 상관관계에 대해서 저는 다음의 6가지 경험 법칙을 가지고 있습니다.

1. 일찍 일어나면, '목적의식'이 명확해진다.
2. 일찍 일어나면, 낮의 4시간 동안 해야 할 일을 아침 1시간 만에 소화할 수 있다.
3. 일찍 일어나면, '우월감'과 '승리감'이 자신감으로 이어진다.

4. 일찍 일어나면, '이성적'인 사고가 가능하다.

5. 일찍 일어나면, '2시간 전'에 출근을 할 수가 있으며, '2시간 야근' 하는 것보다 10배 높은 평가를 받을 수 있다.

6. 일찍 일어나면, 일을 '사랑'하게 된다.

자, 그럼 다음 항목에서 1~6의 내용을 자세히 살펴보겠습니다.

---

memo memo

일찍 출근하면 생기는 이득

1. 1등을 할 수 있는 가장 빠르고, 가장 강력하며, 가장 단순한 방법은 '일찍 일어나기'

2. '2시간 전'에 출근하면 '2시간 야근' 하는 것보다 10배 높은 평가를 받을 수 있다.

습관 07

일찍 일어나면 연봉이 올라가는 6가지의 놀라운 이유

이유 1. 일찍 일어나면, '목적의식'이 명확해진다

일찍 출근하기는 했지만, 처음에는 무엇을 하면 좋을지 몰라 매장 안을 서성이기만 했습니다.

하지만 '이왕 일찍 일어났는데 아무것도 안 하는 것은 아깝다'는 생각이 들면서, '청소', '광고지 배포' 등 '시간 활용법'을 스스로 생각하게 되었습니다.

아무 목적도 없이 일찍 일어나면 할 일이 없기 때문에 다시 잠을 선택하기 십상입니다. 하지만 인간은 목적을 향해서 행동하는 생명체이기 때문에 '아침 시간에 할 일'이 명확히 정해지면, 일찍 일어나는 습관은 몸에 배기 쉬워집니다.

목적(해야 할 일)을 명확히 하면, '시간 낭비'에서 '시간 활용'으로 사고 방향이 전환되기 때문에 매너리즘에서 벗어날 수 있게 됩니다.

이유 2. 일찍 일어나면, 낮의 4시간 동안 해야 할 일을 아침 1시간 만에 소화할 수 있다

아침의 뇌는 활성화되어 있는 상태이기 때문에 업무 효율이 올라갑니다. 그리고 낮 동안에는 방문 고객들이나 걸려 오는 전화로 인해 자신의 시간을 뺏겨버리는 경우가 있습니다.

하지만 아침에는 누구의 방해도 받지 않고 오로지 업무에만 집중할 수가 있습니다.

아침에는 업무가 순조롭기 때문에 '업무를 시작하기 전 1시간은, 낮 동안의 4시간'에 맞먹는 것으로 체감한다고 생각합니다.

아침 시간대는 집중력이 높고, 업무 처리가 향상되기 때문에 낮에 8시간 걸리는 일을 업무를 시작하기 전이라면 2시간 만에 끝낼 수가 있는 것입니다.

출근 시간 전의 2시간은 낮 동안의 8시간과 다름없습니다. 가령 업무 시간이 '1일 8시간'이라고 한다면, '아침 2시간' 만에 하루 치 업무를 하고, 또다시 '8시간 동안' 하루 치의 업무를 처리해 총 '이틀 치'의 업무를 하루 만에 할 수 있다는 계산이 나옵니다.

이유 3. 일찍 일어나면, '우월감'과 '승리감'이 자신감으로 이어진다

저희는 어릴 때부터 '일찍 자고 일찍 일어나는 것이 좋은 것'이라는 교육을 받아왔습니다.

그 때문인지 '일찍 일어나는 것'만으로 '열심히 한다', '의욕이 넘

친다'는 평가를 받기도 합니다. 확실히 늦은 시간에 출근한 사람은 이른 시간에 출근한 사람에게 뒤처지고 있다는 느낌을 받을 수밖에 없습니다.

저 자신도 일찍 출근함으로써 '남들보다 시간을 잘 활용하고 있다'는 사실에 자신감을 느꼈으며, 다른 직원들에 대해서도 정신적 우위에 설 수 있었습니다.

출근을 일찍 하기 전의 저는 상대를 배려해 마음속에 있는 말을 입 밖으로 꺼내지 않는 타입이었습니다. 하지만 일찍 출근하는 습관이 정착한 뒤로는 '다른 사람들보다 빨리 와서 열심히 노력하고 있다'는 실감이 추진력이 되어, '이렇게 하면 어떨까?'라고 적극적으로 발언할 수 있게 되었습니다.

이유 4. 일찍 일어나면, '이성적'인 사고가 가능하다

심리학에서는 오전을 '이성의 시간', 오후를 '감정의 시간'으로 분류하고 있습니다. 이른 아침은 무언가에 대해 생각하거나, 발상력을 필요로 하는 업무를 하는 시간으로 적합하기 때문에, 저는 이른 아침의 시간을 활용해 사업 계획을 수립하거나 각 매장의 숫자 체크, 문제점 색출 등을 하고 있습니다.

그리고 아침에는 이성적인 대화가 가능해서 직원들에게 주의를 줄 때는 꼭 아침 시간대를 이용하고 있습니다.

호되게 야단을 쳤더라도, 그날 하루 동안 관심을 둘 수가 있기 때문에 다음 날까지 감정이 상하는 일이 없습니다.

어스에서는 '밤이 돼서야 일을 열심히 하는 점장'이 있는 매장일수록 직원들의 이직률이 높아지는 경향을 보입니다. 감정적으로 직원들을 질책하기 때문입니다. 저는 예전 새벽 2시에 직원들에게 전화를 걸어 "택시비는 내가 낼 테니 지금 당장 택시를 타고 매장으로 와 다시 청소해!"라고 모두를 호출한 적이 있습니다. 그 후 이직하는 직원이 속출했습니다. 그 당시 제가 '밤에는 감정적으로 행동하기 쉽다'는 사실을 깨닫고 있었더라면 직원들을 그렇게 몰아세우지는 않았을 텐데 말이죠.

저는 지금 '오후 6시 이후로는 업무에 대한 이야기는 일절 하지 않도록' 하고 있습니다. 그 대신, 직원들과 술을 마시러 갔을 때 '꿈'에 대한 이야기를 나누려 합니다.

'아침에 현실을 이야기하고, 저녁엔 꿈을 이야기하자'는 것이 저의 시간 활용 구분법입니다.

이유 5. 일찍 일어나면, '2시간 야근'보다 '10배' 높은 평가를 받을 수 있다

야근을 하는 것보다 일찍 출근하는 것이 사람들에게 어필하는 힘이 더 강합니다.

긴자점의 점장이 된 지 얼마 안 되었을 때, 어떻게든 매출을 올려보고자 이른 아침 JR신바시역 앞에서 매대를 차리고 샴푸를 판매한 경험이 있습니다. 당연하게도 상대해주는 사람은 전혀 없었고, 샴푸를 한 개도 팔지 못했지만 마침 그곳을 지나가던 미용 재료 딜러인 T 사장이 제게 말을 건넸습니다.

"어라? 야마시타 씨. 이 시간에 웬일이십니까? 최근에 어스 긴자점 점장이 됐다고 하셨죠?"

그리고 머지않아 간토 지역에 있는 샵들을 중심으로 소문 하나가 돌기 시작했습니다.

'어스 긴자점 점장이 대단한 녀석이라더라'는 소문이었습니다.

소문을 퍼뜨린 장본인은 T사장이었습니다. T사장이 거래처나 워크숍 등에서 '어스 긴자점 점장은 대단한 사람이다. 아침 일찍 신바시역 앞에서 회사원들을 상대로 샴푸를 팔고 있더라'고 전하는 덕에 제 소문이 널리 퍼지게 된 것입니다. 소문에는 점점 더 살이 붙었고 '어스 긴자점의 점장이 고리 던지기 노점을 열어 샴푸를 경품으로 주고 있다더라'는 등, 사실보다 '10배' 정도 이야기가 과장되어 갔습니다. 그 소문을 우연히 들은 사람 중에는 제자로 들어오고 싶다고 지원을 한 사람도 있었습니다(웃음). 만약 제가 '업무 시간 중'에 샴푸를 팔고 있었다면 T사장은 제 행동을 높이 평가하지 않았을 것입니다.

'이른 아침'이었기 때문에 T사장은 저의 열정과 자발성을 평가해 준 것입니다.

이유 6. 일찍 일어나면, 일을 '사랑'하게 된다

세계 최고의 기업가 중 한 명이라는 평을 받는 일론 머스크(온라인 결제 시스템인 페이팔, 전기 자동차 사업의 테슬라 모터스 등 여러 세계적 기업을 창설한 기업가)는,

> **❝** 일단 제가 말씀드리고 싶은 것은 눈코 뜰 사이 없이 바빠지라는 것입니다. 무슨 일을 하는가에 따라서 다르겠지만, 특히 첫 직장에서는 어찌 되었든 바삐 움직여야 합니다. (중략) 다른 사람들이 주 50시간을 일한다면 자신은 100시간을 일하는 겁니다(※5). **❞**

라고 말하고 있습니다.

저 자신도 돌이켜 보면 '일찍 일어나기'를 습관화한 뒤부터는 평균 '주 100시간(약 14시간×7일)'은 일을 했습니다.

그리고 '주 100시간' 일을 해보고 깨달은 것이 '두 가지' 있습니다.

첫 번째는 '능력이 없더라도 일에 투자하는 시간이 길어지면, 아이디어는 솟아난다'는 것. 두 번째는 '일을 사랑하게 된다'는 것입니다. 좋아서 일에 집중할 수 있는 것이 아닙니다. 긴 시간 일을 하고 있다 보니 그 일을 사랑하게 되는 것입니다.

memo memo

일찍 일어나면 생기는 이득

1. 일찍 일어나면, '목적의식'이 명확해진다.
2. 일찍 일어나면, 낮의 4시간 동안 해야 할 일을 아침 1시간 만에 소화할 수 있다.
3. 일찍 일어나면, '우월감'과 '승리감'이 자신감으로 이어진다.
4. 일찍 일어나면, '이성적'인 사고가 가능하다.
5. 일찍 일어나면, '2시간 전'에 출근을 할 수가 있으며, '2시간 야근' 하는 것보다 10배 높은 평가를 받을 수 있다.
6. 일찍 일어나면, 일을 '사랑'하게 된다.

습관 08
자연스럽게 일찍 일어날 수 있는 3가지 비법

저도 원래는 '야행성'이었기 때문에, 처음에는 졸린 눈을 비비면서 오로지 '정신력'과 '근성'으로 매일 아침 일찍 일어났습니다. 처음에는 도저히 일어날 수가 없어 알람시계를 하나씩 늘렸고 불과 3주 만에 알람시계를 5개까지 사버리고 말았습니다.

하지만 3주가 지나자 더는 졸음은 찾아오지 않았고, 지금은 아무리 피곤한 날이더라도 알람시계가 울리는 것보다 더 빨리 눈을 뜨게 되었습니다.

수면 시간이 짧더라도 눈이 번쩍 뜨이는 느낌이 좋아 다시 잠드는 일은 없습니다.

원하는 시간에 자연스럽게 눈을 뜨기 위해, 저는 다음의 3가지를 마음속에 새기고 있습니다. 이 3가지를 마음에 새긴다면 1주일 만에 일찍 일어날 수 있으리라 생각합니다.

자연스레 눈이 떠지는 3가지 비법

비법 1. 커튼을 치지 않고 잔다(또는 얇은 커튼을 사용한다)

사람의 신체는 아침에 빛을 받으면 뇌에 있는 생체 시계가 리셋되면서 활동 상태로 들어가게 됩니다. 아침 햇살로 인해 멜라토닌이라는 수면 호르몬의 분비가 멈추고, 눈을 뜨기가 쉬워집니다[※6].

비법 2. 화장실에 가는 시간을 조절한다

배변 시간을 정해 두면 화장실에 가고 싶어지면서 자연스레 눈을 뜰 수 있게 됩니다. 처음에는 화장실에 가고 싶다는 생각이 들지 않더라도, 매일 같은 시간에 화장실에 가는 습관을 들입니다. 그러다 보면 몸과 뇌가 순응하게 되면서, 정해둔 시간에 화장실을 가고 싶다는 생각이 들게 됩니다[※7].

비법 3. 아침 식사를 습관화한다

매일 아침 식사하는 습관을 들이면, 규칙적인 리듬이 형성되면서 매일 아침 배고픔에 눈을 뜨게 됩니다(저는 현재 아침 식사 대신 프로틴을 마시고 있습니다).

이른 아침의 시간을 활용하게 되면 하루가 '알차게' 된다

일찍 출근하게 되면서부터 제가 가장 실감하고 있는 것은

시간을 생산했다(만들어 냈다)

는 것입니다.

아침 일찍 일어나면 '하루를 자신이 만들어내고 있다'는 건설적인 자세로 바뀝니다. 그리고 '인생의 목적'을 주체적으로 생각할 수 있게 됩니다.

아침 시간을 적극적으로 활용할 수 있게 되면서, 낮과 저녁 시간의 활용법도 달라졌습니다. 자투리 시간도 잘 활용함으로써 하루를 '알차게' 보낼 수 있게 된 것입니다.

세상이 활동하기 시작하는 아침 9시 전에 '하루 중 가장 중요한 일'을 끝냈다는 성취감을 맛보며 아침 9시 이후를 느긋한 마음으로 보내고, 여유 있게 다른 업무를 소화할 수가 있습니다.

그리고 아침에 일찍 일어남으로써 '영업시간 외' 시간의 활용법에 큰 차이가 생겨난다는 사실도 알게 되었습니다. '영업시간 전'에는 철저히 준비를 마치고, '영업시간 후'에는 직원들과 커뮤니케이션하는데 힘쓰는 것입니다.

영업시간 외에도 '자신을 발전시키는 시간'이라고 생각해, 일주일에 100시간 이상을 투자함으로써 결과적으로 저는 연봉 10억 원을 돌파할 수 있었습니다.

휴일에 출근하거나 야근을 하는 것보다, 일찍 일어나 '업무 시작 2

시간 전에 출근'하는 것이 압도적으로 효율적입니다.

일찍 일어나면 그만큼 경험과 실력, 스킬이 쌓이는 속도도 빨라집니다. 그렇기 때문에 일찍 일어날수록 연봉이 올라가는 것입니다.

memo memo

자연스럽게 잠을 깨면 생기는 이득

1. 하루를 알차게 보낼 수 있다.
2. 성취감을 맛볼 수 있다.
3. 시간 활용에 여유가 생긴다.

HABIT 2.
일의 습관

습관 09

잘못된 행동은 1번만 해도 10명이 따라 한다. 좋은 행동은 10번을 해도 1명밖에 따라 하지 않는다

사람의 마음을 움직이는 것은 '진실한 자세'입니다.

회사를 바꾸고 싶다면, 사장이 진심을 보여야 합니다. 상대가 움직여주길 바란다면 자신이 먼저 움직여야 합니다.

G-FACTORY 주식회사(매장 경영 컨설팅)의 가타히라 마사유키 사장은,

" 부하직원들은 잘못된 행동은 금방 따라 하지만, 좋은 행동은 좀처럼 따라 하지 않습니다. 사장이 열 번의 좋은 행동을 해도, 직원들에게는 한 번 정도밖에 전달되지 않는 법이지요. " 라고 말했습니다.

그렇다면 상대가 '좋은 행동'을 본받게 하려면, 어떻게 해야 할까요?

사장이 스스로 솔선수범해 직원들에게 '진실한 자세'를 보여주는 것밖에는 없습니다.

가타히라 사장은 모든 시간을 오로지 일에 쏟아부으며 전념하고 있습니다. 그래서 '상장될 때까지는 결혼하지 않을 것'이라는 말도 했습니다. 가타히라 사장의 자택에는 텔레비전도 냉장고도 없습니다. 잠만 자는 방에 그런 물건은 필요 없기 때문입니다.

직원들을 바꾸고 싶다면 자신이 바뀌는 수밖에 없습니다. G-FACTORY가 계속해서 대활약을 하는 것은 가타히라 사장이 직원들보다 10배 더 진실한 자세로 일을 하고 있기 때문입니다.

제가 어스 긴자점의 점장이 된 지 얼마 안 되었을 때 직원들은 지각과 결근을 밥 먹듯이 했습니다. 10시에 고객 예약이 있음에도 불구하고 11시에 출근하는 직원이 있는가 하면, 오전 내내 모습을 보이지 않다가 점심이 지나서야 '오늘은 쉬겠습니다'라고 전화로 통보하는 직원도 있었습니다. 그 당시에는 전례 없는 '카리스마 미용사' 붐이 일었기 때문에, 특히나 실력 있는 미용사는 '이 정도는 내 마음대로 해도 되겠지'라는 생각으로 거만한 태도를 보였던 것으로 생각합니다.

그러던 어느 날, 평소처럼 오토바이를 타고 매장을 향하던 중 저는 갑작스러운 교통사고를 당하게 되었습니다.

히비야거리 사거리에서 좌회전하는 자동차에 치인 사고였습니다. 저는 상처를 입었지만 병원으로 향하지 않고 그대로 출근을 했습니다. '무단결근과 지각은 금지'라고 외치던 제가 몸을 다쳤다는 이유로 지각과 결근을 할 수는 없다고 생각했기 때문입니다.

그렇게 피투성이가 된 채로 조회를 강행했습니다.

그러자 다음 날부터 직원들의 지각과 결근은 급격하게 줄어들었습니다. '피투성이가 되어도 지각과 결근을 하지 않는다'는 저의 '진실한 자세'가 전해졌기 때문이라 생각합니다. '말로 100번 전하는 것'보다 '행동으로 1번 전하는 것'이 사람을 움직이게 만듭니다.

미용업계는 아직도 지각이 많은 업계입니다. 하지만 어스는 다릅니다. 현재 약 3,000명의 직원이 있지만, 지각은 거의 제로입니다. 왜냐하면 본사 직원들, 그리고 고쿠분 사장과 임원진이 항상 가장 먼저 출근하는 '진실한 자세'를 보여주고 있기 때문입니다.

리더는 '지나치다 싶은 정도'가 딱 알맞다

좋은 일은 전달력이 약한 법이라 '10'을 해도 '1'밖에 전해지지 않습니다.

반대로, 나쁜 일은 전달력이 강해 '1'을 해도 '10'이 전달되기 마련입니다. 그래서 리더는 자제심을 발휘해야만 하는 것입니다.

어스의 FC 오너 중에 본인의 지각 때문에 회사를 파산시켜버렸던 사람이 있습니다. 미용사로서 실력은 최고였지만, 경영을 하기에는 부적합했을지도 모릅니다. 가장 치명적이었던 것은 지각이 잦았다는 것입니다.

그는 오너라는 자리에 있으면서 '지하철에서 잠드는 바람에 역을 지나쳤다', '다시 잠들어버렸다'는 등의 이유로, 무려 '매주 2회' 지각을 했습니다.

오너가 '진실한 자세'를 보여주지 않으면, 직원들은 따라오지 않습니다. 점차 많은 직원이 오너의 모습을 따라 하면서 나태해져버리는 것입니다.

리더는 '부하 직원들이 지켜보고 있다'는 의식을 가지고, 항상 '진실한 자세'를 보여야 합니다. 그렇기 때문에 당연한 일을 압도적으로 잘해 내야 하며, 누구나 할 수 있는 일을 아무나 할 수 없을 정도로 해내야 합니다. 그래서 리더는 '지나치다 싶은 정도'가 딱 알맞은 것입니다.

memo memo

리더가 지나치다 싶을 정도로 일하면

생기는 이득

1. 부하직원들이 진심을 다해 일하게 된다.

2. 솔선수범하는 리더를 따르게 된다.

습관 10

시간 활용법이 확 달라지는
4가지 '야마시타 규칙'

'시간'은 유한한 인생 자원입니다. 시간은 누구에게나 평등하지만 그 시간을 어떻게 활용하느냐에 따라 개인차가 생겨납니다.

제 경우에는 일의 효율을 높이기 위해 시간 활용법을 4가지로 정리한 일명 '야마시타 규칙'이라는 게 있습니다.

야마시타 규칙 1. 일에 드는 시간은 일단 짧게 설정한다

저는 항상 '완벽주의'가 아닌 '최선주의'로 일을 합니다. 예를 들어, 기획을 세울 때는 '좋은 기획이 떠오를 때까지 몇 시간이고 계속해서 생각'하는 것이 아니라, '지금 1시간 동안 집중해서 기획을 생각하고, 1시간 후에는 일단 그 기획 아이디어를 적어보는 것'이 저의 방식입니다.

미리 시간을 정해두고 일을 하는 편이, 무제한으로 일을 하는 것보다 결과적으로 일의 질이 높아지기 때문입니다.

시간을 설정할 때에는, 작업 시간에 여유를 두지 않습니다. 지금 자신의 실력으로 1시간 30분이 걸리는 일이라면 보통 사람들은 여유를 둬서 2시간으로 설정할 것입니다. 하지만 야마시타 규칙에서는 1시간으로 시간을 짧게 설정해 놓습니다. 그렇게 하면 집중력과 긴장감이 높아지면서 시간을 허비하는 일이 없습니다. 미리 시간을 정해 둠으로써 망설일 시간적 여유가 사라지고, 자연스럽게 결단을 내리는 속도가 빨라집니다. 결과적으로 지금까지는 하루 걸렸던 일을 3시간 만에 해낼 수 있게 되는 것입니다.

야마시타 규칙 2. 혼자 해도 되는 일은 '업무 시작 전'에 끝낸다
각 매장의 '숫자' 체크, 업무 보고 체크, 메일 확인과 회신 등 혼자서 처리할 수 있는 일은 기본적으로 '업무 시작 시각 전'까지 끝냅니다.

야마시타 규칙 3. 일의 '우선순위'를 정한다
이를테면 일이 100개 있다고 해도, 하루에 100개의 일을 다 끝낼 수는 없기 때문에 '우선순위'를 정하는 것입니다. 다시 말해 '큰 돌멩이→작은 돌멩이→모래'라는 우선순위로 일을 하는 것입니다. 어떤 '그릇'이 있다고 가정해봅시다. 그 그릇에 '모래'나 '작은 돌멩이'부터 넣게 되면, '큰 돌멩이'가 들어갈 자리가 없어지고 맙니다. '큰 돌멩이'는 나만이 할 수 있는 중요한 일, '모래'는 잡일입니다. 그래서 우선순위가 높은 일은 가능한 한 아침에 끝내려고 합니다. 꼭 해야 하는 일은 노트에 메모해두고, 매일 아침 우선순위를 확인한 후에 업무에 돌입하는 것입니다.

이전에 기존 매장이 3개였을 때 1년 만에 11개 매장의 신규 출점을 단행한 적이 있습니다. 단숨에 매장은 14개로 늘어났지만, 적자로 전락할 위기에 빠지고 말았습니다.

매장이 3개였을 때에는 스스로 '잡일'을 처리할 수 있는 시간이 있었습니다. 하지만 매장이 14개로 늘어나고부터는 도무지 시간이 나지를 않았습니다. 당시에는 '우선순위를 정한다'는 발상이 없었기 때문에, 쓰레기를 버리는 일까지도 제가 직접 처리했습니다. 그 결과, '나만이 할 수 있는 중요한 일'(구인, 고객 유치, 점장 교육, 클레임 대책, 서비스 점검)까지 소화할 여유가 없어지고 말았습니다.

그때 본사의 고쿠분 사장에게 '적자의 원인은 모든 일을 혼자서 하려고 하고 있기 때문'이라는 지적을 받았고, 그 후부터는 '큰 돌멩이'에 초점을 맞춰 집중한 결과 이른 시간 안에 적자에서 벗어날 수 있었습니다.

야마시타 규칙 4. 다른 사람에게 맡길 수 있는 일은 '다른 사람에게 맡긴다'

예전의 저는 제가 직접 해야지만 직성이 풀리는 사람이었습니다. 하지만 지금은 '작은 돌멩이'와 '모래'에 해당하는 일이나, 내가 아니더라도 처리할 수 있는 일은 완전히 직원들에게 맡기고 있습니다(물론 일에 대한 책임은 제가 집니다). 이렇게 하면 일을 맡은 직원의 입장에서도 좋은 공부가 됩니다. 제 일이 예정보다 일찍 끝난 경우에는 현장을 파악한다는 의미도 담아, 저도 함께 일을 처리합니다.

생산성을 높이는 데 중요한 것은, 시간의 길이가 아닌 '깊이'입니다.

단순히 '오랜 시간 동안 일을 하는 것'이 아니라, '단시간에 집중해서 깊이 있게 일을 하는 것'이 일의 질 또한 높아집니다. '무턱대고 하는 노력'을 '열심히 하는 노력'이라고 혼동하지 말고 자기 일을 하나씩 처리해나가면서 노력의 방향성을 정기적으로 체크해봅시다.

아무튼 '시간 설정', '우선순위' 등을 정하지 않으면 진정한 의미에서 일에 몰두할 수 없습니다.

memo memo

연봉 10억 원을 위한 시간 활용법

야마시타 규칙① 일에 드는 시간은 일단 짧게 설정한다.

야마시타 규칙② 혼자 해도 되는 일은 '업무 시작 전'에 끝낸다.

야마시타 규칙③ 일의 '우선순위'를 정한다.

야마시타 규칙④ 다른 사람에게 맡길 수 있는 일은 '다른 사람에게 맡긴다'.

습관 11

'기한'을 정하고 '양'을 소화해야 최고의 '질'을 손에 넣을 수 있다

현대 경영학의 발명자라고 불리는 피터 F. 드러커(경영학자)는 '지식 노동자의 생산성은 양보다 질의 문제임을 이해해야 한다'고 말하고 있습니다[※8].

'품질이야말로 생산성의 진정한 척도'라는 생각에는 저도 이견이 없습니다.

하지만 미용실 현장에 섰을 때 드는 생각은, 질을 높이기 위한 전제로서 일정 기간에는 철저히 '양'을 추구해야 할 필요가 있다는 것입니다. 양을 늘리려고 노력하다 보면, 어느 시기부터 '양은 질로 전환'됩니다. 즉, '양이 질을 낳는다'는 의미입니다.

그렇다면 '양'을 늘리기 위해서는 어떻게 하면 좋을까, 바로 '기한'을 정해두는 것입니다.

어느 경영인의 생일 파티에 초대받았던 자리에서 있었던 일입니다. 회장에 있었던 초대객들은 모두 호화로운 모습을 하고 있었고, 저는 누가 봐도 명백히 그 자리와 어울리지 않았지만 천성적으로 뻔뻔한 성격을 발휘해, 초일류 가수 오오타 씨(가명)에게 말을 건넸습니다.

제가 "오오타 씨처럼 맑고 아름다운 목소리를 내려면 어떻게 하면 되나요?"라고 질문을 하자, 오오타 씨는 "일부러 아름다운 목소리를 내려고 하지 않아도 되니, 큰 목소리를 몇 번이고 계속해서 내보면 됩니다."라고 대답해주었습니다.

몇 번이고 반복해서 큰 목소리를 내다 보면, 점차 '아름다운 발성법'을 익힐 수 있다는 것이었습니다.

그리고 오오타 씨가 또 하나 알려준 것은 '기한을 정해두는 것'이었습니다. '무대 날짜(목소리를 들려주는 날)를 정해두는 편이 연습에 더 잘 집중'할 수 있기 때문입니다.

그때 제 옆에서 함께 오오타 씨의 이야기를 듣고 있던 어느 성우 한 분은 오오타 씨가 알려준 대로 '기한과 양'을 우선시한 트레이닝을 반복한 결과, '애니메이션의 주인공' 역을 맡을 만큼 대성공을 거두었습니다.

미용 기술을 연습할 때에도 마찬가지로 우선순위는 '1. 기한, 2. 양, 3. 질'의 순서입니다.

제 미용실에서도 물론 펌 시술을 하고 있지만, 펌 연습을 할 때는 타이머를 준비해 '20분 이내(기한)'로, '60번(양)'을 '어느 정도까지(질) 할 수 있는가'를 의식하면서 연습하고 있습니다. '일정 시간 내에 얼마만큼 할 수 있는지'를 의식하는 것이 발전할 수 있는 비결인 것입니다.

'완벽주의'가 아닌 '최선주의'로 일한다

어스의 점장은 매월 25일까지 목표 보고서를 제출하는 것이 규정입니다. 저는 매달 매장(전체 240개 매장 중 70개 매장)의 보고서들을 읽고 있습니다. 그 결과, 보고서 제출일과 목표 달성률 사이에 상관관계가 있다는 사실을 알게 되었습니다.

목표 보고서의 제출 기한은 매월 25일이지만 A점장은 매월 10일에 제출, B점장은 매월 기한에 아슬아슬(24~25일)하게 제출, C점장은 매월 기한을 넘겨 제출했다고 가정해보겠습니다. 이 경우, 예외 없이 다음과 같은 결과를 볼 수 있습니다.

- 기한에 여유를 두고 제출하는 A점장은 목표도 여유 있게 달성
- 기한에 아슬아슬하게 제출하는 B점장은 목표도 아슬아슬하게 달성하거나 하향
- 기한보다 늦게 제출하는 C점장은 목표도 미달

'정해진 시간'에 맞추려고 하면, 시간에 쫓기게 되면서 조급하게 행동하게 됩니다. 시간에 쫓기는 순간 최고의 실력은 발휘되지 않습니다. 하지만 A점장처럼 회사에서 정한 기한보다 '며칠 전'으로 기한을 설정해두면 시간을 계획적으로 사용할 수 있습니다.

그리고 A점장처럼 기한에 여유를 두고 있는 점장들은 대체로 신

중한 성격입니다. 예상치 못했던 트러블이 생겨도 대처할 수 있는 시간까지 고려하고 있습니다. 그 결과, 트러블이 발생해도 안정적으로 일의 성과를 올릴 수가 있는 것입니다.

완벽주의인 사람일수록 '질'을 추구하는 경향이 있습니다. 하지만 '질'만을 추구한 나머지 행동에 브레이크가 걸리는 사람들이 얼마나 많은지 모릅니다. '완벽주의'가 아닌 '최선주의(정해진 시간 내에 최대의 결과를 내려는 사고방식)'로 일을 하는 것이 결과적으로 '질'의 향상으로도 이어질 수 있습니다.

일의 우선순위는 '1. 기한, 2. 양, 3. 질'입니다. 반대로('질'부터) 순위를 두게 되면, 좀처럼 성장할 수 없습니다. '기한'을 정하고, 압도적인 '양'을 소화해내면 머지않아 그것이 '질'로 전환될 것입니다. '기한이 정해진 양'이 바로 최고의 '질'을 낳는 것입니다.

memo memo

기한을 미리 정해두면 생기는 이득

1. 시간을 계획적으로 사용할 수 있다.

2. 트러블이 생겨도 대처할 수 있는 여유가 있다.

3. 기한을 정해두면 양을 늘릴 수 있고 질도 높아진다.

습관 12
마지막에 '한 발 물러설 수 있는' 사람이 연봉 10억을 번다

리더의 능력과 자질에 '일류', '이류', '삼류'로 등급을 매기는 경우가 있습니다. 예전의 저는 '일류'가 최상위라고 생각했었지만, 누군가와의 만남을 통해 '일류보다 더 위'가 있음을 배웠습니다. 일류보다 위에 있는 것은 '달인'의 영역입니다.

- 삼류 – 부하직원들이 무시하는 리더
- 이류 – 부하직원들이 무서워하는 리더
- 일류 – 부하직원들이 신뢰하는 리더
- 달인 – 부하직원들이 존재감조차 느끼지 못하는 리더(공기 같은 경지에 이른 리더)

그 누군가는 바로 ㈜소니생명보험의 안도 구니타케 명예회장입니다. 안도 명예회장은 소니 주식회사의 사장까지 역임했을 정도로 '슈퍼 VIP'였습니다.

그런데 안도 명예회장은 김이 샐 정도로 카리스마가 느껴지지 않았습니다.

어느 회식 자리에서 안도 명예회장을 뵌 적이 있지만, 사실 회식이 끝날 때까지 그 사람이 안도 명예회장이라고는 전혀 눈치채지 못했다가 나중에 사실을 알고 나서야 굉장히 놀랐습니다.

존재감이 미미하다기보다는 자신이 나서야 할 때와 나서지 않아도 될 때를 잘 알거나 언제 물러서야 할지를 터득한 분이었던 것 같습니다. 그러니 주변 사람들을 위축시키는 경우가 없습니다.

소니생명의 간부에게 들은 이야기입니다만, 안도 명예회장은 마지막엔 '자신이 한 발 물러서는 것'을 중요하게 생각한다고 합니다. 의견을 주고받을 때도 결코 상대의 의견을 일축하려 하지 않습니다. 부하직원을 억누르는 리더 밑에서 사람은 성장할 수 없기 때문입니다. 마지막에는 항상 '자신이 한 발 물러나' 상대의 의견을 수용하는 것입니다.

사장이 '마지막에 한 발 물러설 수 있는' 조직은 의사소통이 잘되는 조직입니다. 자기 생각을 무리하여 관철하려 들지 않고, 물러서야 할 때는 물러서는 것. 바로 이 '마지막에 물러설 수 있는(상대에게 승리를 줄 수 있는) 아량'이 있기 때문에 안도 회장은 직원들에게 신뢰를 얻고 있는 것으로 생각합니다.

리더는 자동차, 직원은 보행자

연봉 6억 원의 우치다 사장(가명)도, '물러설 줄 아는 리더'입니다.

제가 우치다 사장의 사무실을 방문했을 때, 눈앞에는 의외의 광경이 벌어지고 있었습니다. 우치다 사장이 중년의 여성 직원에게 야단을 맞고 있는 광경이었습니다.

"사장님! 경비를 너무 많이 쓰셨잖아요! 이 긴자 클럽 영수증은 또 뭡니까!"

우치다 사장이 긴자의 클럽을 이용한 것은 결코 유흥 때문이 아니었습니다. 업무상 거래처를 대접하기 위해서였습니다. 하지만 우치다 사장은 변명 섞인 말은 한마디도 하지 않은 채, '죄송하다'며 고개를 숙인 것입니다.

저는 물었습니다. "왜 사실대로 말하지 않으셨습니까?"

그러자 우치다 사장은 "야마시타 씨. 리더는 마지막에 물러서는 것이 좋은 겁니다."라고 대답했습니다.

"야마시타 씨. 저는 '리더는 자동차'이고, '직원은 보행자'라고 생각하고 있습니다. 보행자가 '빨간불'에 길을 건넌다고 차로 치어서 되겠습니까. 설령 보행자가 빨간불을 무시했다고 하더라도, 힘이 있는 자동차가 멈추는 게 맞습니다. 그렇게 하면, 사고가 일어날 일은 없습니다. 어떤 상황이더라도 만약 사고가 난다면 그것은 100% 힘이 더 강한 쪽의 책임이 되는 거니까요."

안도 명예회장과 우치다 사장에게 제가 '카리스마'를 느끼지 못했던(마치 공기처럼 느낀) 것은 그들이 '물러서야 할 때'를 완전히 깨우친 달인이었기 때문입니다.

달인은 '개인의 승패'에 연연하지 않습니다. 그들이 집착하는 것은 '회사 차원에서 강력한 팀을 만드는 일'입니다. 그러기 위해서 때로는 부하직원들에게 공을 돌리고, 리더는 한 발 뒤로 물러서야 할 필요가 있습니다.

리더는 '자신은 자동차'라는 점을 항상 의식해야 합니다. 의견이 충돌하려는 상황에는, 자신이 브레이크를 밟아 사고를 피해야 합니다. 그렇게 하면 무의미한 적이 생기지 않습니다. '부자는 싸우지 않는다'는 속담처럼 달인 정도 클래스의 리더들은 싸우지 않습니다. 즉, 연봉 10억 원을 버는 사람들은 싸우지 않습니다.

주변 사람들에게 반감을 사 무의미한 적을 만들어서는 결코 압도적인 성과를 내는 리더가 될 수 없는 법입니다.

memo memo

한 발 물러설 줄 알면 생기는 이득

1. 부하직원들의 신뢰를 얻을 수 있다.
2. 반감을 사 무의미한 적을 만들지 않게 된다.
3. 주변 사람들을 위축시키지 않는다.

습관 13
'혼자 하는 사람' 보다 '다른 사람에게 맡기는 사람' 이 연봉 10억에 가까워진다

미용사가 된 지 얼마 안 되었을 무렵, 당시 저는 '연봉을 올리는 지름길은 계속해서 실력을 쌓아 카리스마 있는 우수한 미용사가 되는 것!'이라고 믿고 있었습니다.

아침 일찍부터 연습을 하고, 온 시간을 일에 바쳐 실력을 높임으로써 고객들의 지명을 확보하자는 생각이었습니다. 그 결과, 전 스물여섯 살에 연봉 1억 원을 달성했습니다.

'이 기세로 2억, 3억까지 거침없이 연봉을 올려나가자'고 큰소리를 쳤지만, 그 후에는 한계에 부딪히고 말았습니다. 점장으로 발탁되기까지 했지만 아무리 악착같이 일해도 연봉 1억 2천만 원을 넘을 수가 없었던 것입니다.

그러던 중 당시 어느 회식 자리에서 전문학교(전국 주요 도시에 있는)의 이사장을 맡은 분과 대화를 하게 되었습니다.

제가 "이사장님처럼 능력 있는 사람이 되려면 어떻게 하면 되나요?"라는 질문을 하자, 의외의 답변이 돌아왔습니다. '능력은 필요 없다'는 것이었습니다.

"자신에게 능력이 없다면, 능력 있는 사람의 도움을 받으면 되는 겁니다. 우리 학교에는 만화 과정, 성우 과정, 댄스 과정 등이 개설되어 있습니다. 제게 그것들을 전부 가르칠 능력은 당연히 없습니다. 그럼에도 학교 경영이 무탈한 것은 우수한 강사들의 도움을 받고 있기 때문입니다. 연봉 10억 원을 목표로 한다면, '타인을 움직이게 할 수 있어야' 합니다. '자신이 움직여서는' 안 됩니다. 자신이 전문가가 될 필요는 없습니다. 전문가를 움직이게 하면 되는 겁니다."라는 답변이었습니다.

당시의 저는 점장이라는 자리에 있으면서도 '자신의 능력 쌓기'를 최우선으로 하고, 주변 직원들의 능력을 살리는 일에는 미처 눈길을 주지 못했습니다.

스태프들과 선배, 그리고 사장님께 '누구보다 열심히 한다'는 칭찬을 받아야 한다는 생각만이 머릿속에 가득 차 있었습니다.

하지만 자신 혼자만의 능력으로는 아무리 열심히 해도 연봉 1억이 한계입니다. 그 사실을 깨달은 저는 '플레이어'의 위치에서 '프로듀서'의 위치로 다시 서기로 마음을 먹었습니다. 자신의 능력을 높이는 그 이상으로, 주변 사람들의 능력을 살리고 그들에게 맡기는 것. 그리고 '내가 인정받고 싶다는 생각'에서 '남을 인정하자는 생각'으로 발상을 180도 바꾼 것입니다.

상대의 장점을 인정하면, 주위에 뛰어난 사람들로 가득 찬다

　주변에 뛰어난 사람들을 두기 위해서는 '인정하는 능력'이 필수입니다. 상대의 뛰어난 부분을 찾아내 그대로 인정해주는 것. '인정하는 능력'이 없으면 상대는 움직여주지 않습니다.

　당시, 제 매장에 있었던 어시스턴트 도미타 고타는 상품 판매 성적이 좋아, 다른 어시스턴트보다 10배 이상의 매출을 올리고 있었습니다. 하지만 그는 근무 태도에 문제가 있는 지각 상습범이었습니다. 게다가 매일 스케이트보드를 타고 출근을 했습니다. 그러던 어느 날 아침, 조회 자리에서 "36일 연속으로 지각한 도미타는 그만두는 게 맞지 않습니까?"라는 의견이 나온 적이 있습니다. 하지만 저는 "확실히 도미타는 이유 모를 지각으로 매장에서 얼굴 보기가 힘든 사람이지. 그래도 상품 판매에서만큼은 월 200만 원의 매출을 올리고 있잖나. 이 숫자는 어시스턴트 중에서 전국 1위인 굉장한 성적이다. 그러니 다른 사람들도 도미타에게 상품 판매 기술을 배워주길 바란다."고 모두 앞에서 그를 인정하는 발언을 했습니다.

　그러자 도미타는 그 순간부터 180도 달라지기 시작했습니다. 그뿐만 아니라 더욱 열심히 상품 판매에 힘을 쏟기 시작했고, 그 다음날부터는 지각도 전혀 하지 않게 되었습니다.

　'못하는 부분을 질책하기보다, 잘하는 부분을 칭찬'하면 상대방은 불성실한 태도로 일을 할 수가 없게 됩니다. 도미타는 그 후 '중졸

이면서 20대의 나이로 연봉 5억을 달성한 전설의 미용사'가 되었습니다. 도미타는 현재 34세로, 19개의 매장을 경영하는 FC(프랜차이즈) 오너로 대활약을 하고 있습니다. 페라리 458 스파이더, 애스턴 마틴, 벤츠 G바겐 같은 자동차를 무려 3대나 소유하고, 수영장이 딸린 20억짜리 대저택에서 살고 있습니다.

'다른 사람에게 맡기는 자세'를 배운 저는 더는 자신의 능력을 과신하지 않습니다. 그 후 '연봉 1억'의 벽을 깨고, '연봉 10억'을 달성할 수 있었던 것은,

'상대를 인정하고, 상대에게 맡겼기 때문'

입니다. 뛰어난 사람이 성공하는 것이 아닙니다. '뛰어난 사람에게 도움받는 사람이 바로 성공하는 것'입니다.

memo memo

다른 사람에게 맡기면 생기는 이득

1. 혼자 일할 때의 실적과 한계를 뛰어넘을 수 있다.

2. 상대를 인정하게 되고 그럼으로써 주위에 뛰어난 사람들이 많아진다.

습관 14
초일류는 '2등급 위'의 시점을 가지고 일한다

'2등급 위의 사람'과 함께 일하면서 '성공하는 사람은 중간 등급인 나와는 다른 시점으로 모든 일을 바라보고 있다'는 사실을 알게 되었습니다.

등급이 올라갈수록, 모든 일을 다양한 각도에서 바라보고 있는 것입니다.

- 중간 등급의 사람 – 하나의 배움을 통해 하나만 실천한다.
- 1등급 위의 사람 – 하나의 배움을 통해 두 가지를 실천한다.
- 2등급 위의 사람 – 하나의 배움을 통해 세 가지 이상을 실천한다.

예를 들어, 상사와 함께 현장을 점검(청소, 몸가짐, 고객 상대 등)

할 때, '메모'를 하면서 체크만 하는 사람은 '중간 등급의 사람'입니다.

'1등급 위의 사람'은 '메모'를 하면서, '카메라'를 사용해 기록을 합니다. 그리고 '2등급 위의 사람'은 '메모'와 '카메라'를 사용해 기록한 내용을 바탕으로 '다른 매장'과 정보를 공유해 응용합니다.

등급이 올라갈수록 사물을 다면적, 다각적, 복합적으로 바라보고 전개하기 때문에 큰 성과를 낼 수가 있는 것입니다.

'2등급 위의 일'을 한다는 것은 '자신이 책임질 수 있는 한계까지 리스크를 안는 것'이라고 할 수 있습니다.

'중간 등급'인 자신이 '2등급 위의 일'을 한다면, 그만큼 리스크를 안게 됩니다. 높이 올라가는 만큼 발을 헛디디는 횟수는 늘어납니다.

능력 밖의 일에 안간힘을 쓴다고 해서 보수가 올라가는 것도 아니기 때문에 많은 사람이 '돈 받는 만큼만 일하면 된다', '시키는 것만 하면 된다'는 생각을 하기 쉽습니다. 하지만 리스크를 안게 되면 급여와는 '또 다른 보수'를 얻을 수가 있습니다.

이는 '2등급 위에 있는 사람들에게 얻는 가장 중요한 어드바이스'입니다.

그 일이 설령 '잡일'이더라도 '대충'하지 않을 것. 예를 들어 선배에게 '23mm 파마 로트를 가져오라'는 부탁을 받았다면 로트만 가져가는 것이 아니라 로트를 마는 데 필요한 고무줄과 파마지도 함께 가져가는 것.

고객이 매장을 방문해 따뜻한 음료를 내어줄 때, 만약 고객이 기침을 한다면 '목캔디'도 함께 내어주는 것. 이렇게 '잡일'에도 부가가치를 창출하는 것이 '2등급 위'의 일입니다.

2등급 위에 있는 사람들은 '호기심과 향상심을 가지고 자신의 머리로 생각해, 시시받는 것 이상의 일을 자기 책임하에 하는 사람'을 응원합니다. 저 자신도 '2등급 위'의 시점으로 일을 하게 된 후부터는 얻는 어드바이스의 양도 압도적으로 많아졌다고 생각합니다. 그 응원과 어드바이스가 바로 '급여와는 또 다른 보수'의 씨앗이 되는 것입니다.

자신의 한계를 넘어서고 싶다면, '2등급 위'의 눈을 가져라

저는 2016년 새해, 침대용 매트리스를 새로 구입했습니다. 열여덟 살에 10만 원을 주고 구입했던 매트리스를 22년간 계속해서 써온 탓에 확실히 잠자리가 불편해졌던 것입니다.

신문에 껴있던 어느 가구점의 광고지에서 19만8천 원짜리 매트리스를 발견한 저는 곧바로 그 매트리스를 사러 가기로 했습니다. 집에서 입는 옷차림으로 지갑만 들고 가구점에 들어서자 다카세(가명)라는 명찰을 달고 있던 점원이 말을 건넸습니다.

저는 쇼핑에 시간을 쓰는 성격도 아니었고, 강매당하는 것도 좋아하지 않았기 때문에 바로 19만8천 원짜리 매트리스만 구입하고 가구점을 나서려 했으나, 다카세 씨는 '2등급 위'의 눈으로 저의 언행과 판단력, 얼굴을 지켜보고 난 뒤 '이 고객(저)은 운동선수들처럼 일에 대해 절제력이 있되 일을 위한 투자는 아끼지 않는다'는 점을 꿰뚫어보고 있었던 것 같습니다.

그리고 다음과 같은 한 마디로 제 마음을 움직이기 시작했습니다.

"이 광고의 제품을 구입하시기 전에, 한번 이 매트리스도 보시겠습니까? 이 매트리스는 운동선수 맞춤형 사양으로 전 세계 최고의 운동선수들이 원정 나갈 때도 가지고 간다는 제품입니다. 다만 가격이 200만 원이기는 하지만 말입니다."

저는 자칭 '비즈니스 스포츠맨'이었기에 '운동선수 맞춤형 사양'이라는 말에 흥미가 생겼습니다. 하지만 앞에서도 이야기했듯이 제게는 계산기를 두드리며 길러온 '상황 판단력'이 있었습니다. '사지 못할 가격은 아니지만, 과연 이 매트리스 하나에 200만 원이나 치를 가치가 있을까?'라고 판단했고 그래서 그냥 "굉장히 비싸군요." 하고 대답했습니다.
아마도 그때 다카세 씨는 '이 고객은 돈이 없어서 비싸다고 하는 것이 아니라 그 가격에 맞지 않는다고 판단했음이 분명하며, 가치가 있는 것에는 기꺼이 돈을 쓸 것이다'라고 생각했을 것입니다. 다카세 씨는 한술 더 떠 '200만 원은 비싸다'고 말한 저에게 더 비싼 매트리스를 소개했기 때문입니다.

"그럼 이 제품은 어떠십니까? 이 매트리스는 초일류 호텔의 스위트룸에서도 사용되고 있는 매트리스입니다. 한번 사용해보시겠습니까? 누워보시면 어떤 차이가 있는지 바로 아실 수 있습니다. 마치 구름 위에 있는 듯한 느낌이 드실 겁니다. 누가 뭐라고 해도 이 제품은

'세계 최고'의 매트리스입니다. 이 매트리스를 사용하시면 세계 최고의 컨디션으로 일하실 수 있을 겁니다."

'세계 최고'라는 단어의 울림이 제 마음을 흔든 순간 곧바로 다카세 씨가 쐐기를 날렸습니다.

"이 매트리스는 적어도 20년은 사용하실 수 있습니다. 1일로 환산했을 때 얼마일 것 같습니까? 1일에 2,740원입니다. 즉, 이 매트리스 1개의 가격은 2,000만 원입니다."

'1일 2,740원'이라는 숫자를 들었을 때 저는 '1개에 2,000만 원' 하는 이 매트리스를 사자고 마음먹었습니다. 2,000원이 아니라, 2,000만 원입니다. 그것도 3개를 구입했습니다. (그중 2개는 부모님께 선물로 드렸습니다.)

다카세 씨는 '19만8천 원'짜리 세일 제품을 구입하러 온 저를 상대로 '6,000만 원'이라는 매출을 올리는 데 성공한 것입니다.

이것이 가능했던 이유는 다카세 씨가 '2등급 위의 시점'을 가지고 업무에 임했기 때문입니다. 다카세 씨는 상대(저)의 모습을 자세히 관찰하고, 많은 정보를 읽을 수 있는 '높은 감각'을 가지고 있었단 것입니다.

설령 자신의 등급이 낮더라도 '2등급 위'에 있다는 생각으로 사고하고, 지시받은 그 이상의 일을 자기 책임하에 하다 보면, 점점 자신의 역량을 크게 넘어선 실적을 손에 넣을 수 있게 될 것입니다.

memo memo

2등급 위의 일을 하면 생기는 이득

1. 2등급 위에 있는 사람들로부터 어드바이스를 얻을 수 있다.

2. 자신의 한계를 넘어 실적으로 연결할 수 있다.

습관 15

상대의 '장점' 과 '단점' 을 같은 개수만큼 말할 수 있다면 인간관계는 순조로워진다

제가 갓 점장이 되었을 때는 직원들의 '결점, 약점, 문제점'만 눈에 들어왔고, 다른 사람을 '칭찬'하는 법을 몰랐습니다. 그 당시 저는 '불가능한 일을 극복하는 것이 개선'이라고 생각했기 때문입니다.

직원들에게 단점이 있다면 지적을 하고, 그렇게 되면 매장은 더욱 개선될 것으로 생각해 지적을 해왔지만 그 생각은 보기 좋게 빗나갔습니다. '○○가 없다', '○○가 부족하다', '○○가 되지 않는다'라고 가차 없이 질책하는 제게 신물이 난 많은 후배는 저를 떠나기 시작했습니다.

"점장님은 다른 사람을 비난하기만 하고 아무리 열심히 해도 좋은 평가를 해주지 않습니다. 누구에게라도 좋은 점 한 가지는 있으니, 조금은 칭찬할 수도 있는 것 아닌가요? 점장님 밑에 있으면 사람이 비굴해집니다."라는 말을 남기고 매장을 떠난 직원도 있었습니다. '잘되기 위한 방법'이라고 생각해서 한 행동이었기 때문에 솔직히 꽤 놀랐습니다.

'나쁜 것만 보려 하면 사람이 떠난다'는 점을 깨달은 저는 생각을 바꿨습니다. '결점은 그대로여도 좋으니, 좋은 점만 보려는 자세'를 가지고 적극적으로 다른 사람을 칭찬하기로 한 것입니다.

그러자 어떻게 되었는지 아십니까? 이번에도 직원들은 떠났습니다. 또 한 번 놀랄 수밖에 없었습니다. 어느 직원은 사표를 제출하면서 저에게 이런 말을 했습니다.

"점장님, 대체 언제부터 그렇게 일관성이 없어지신 겁니까? 누구에게나 다 똑같은 칭찬을 하니까 전혀 진심이 느껴지지 않습니다. 점장님한테는 칭찬을 받아도 사무적으로밖에 느껴지지 않습니다."

단점을 지적하면 사람이 떠난다. 장점을 칭찬해도 사람은 떠난다. 그렇게 어스 긴자점은 산산조각이 나 공중분해 되기 직전의 상태가 되었습니다.

상대의 장점과 단점을 같은 개수만큼
써내려가다 보면 상대의 진짜 모습을 볼 수 있다

그렇게 회사에서의 구심력을 잃은 제게 손을 내밀어 준 분이 있습니다. 외식 산업의 세계에서 '접객의 신'이라고 불렸고 현재는 ㈜HUGE의 사장인 신가와 요시히로 씨였습니다.

신가와 사장은 과거에 글로벌 다이닝(외식 기업)의 요직을 지냈던 인물로, 조지 W. 부시 전 미국 대통령과 고이즈미 준이치로 전 일본 수상의 '회식 접객'을 담당했던 일로도 잘 알려져 있습니다(현재는 다양한 브랜드의 레스토랑을 경영하고 있습니다).

직원들의 이직을 막을 수 없었던 저에게 신가와 사장은 다음과 같이 조언했습니다.

"10살 차이가 나는 상대는 외국인, 20살 차이가 나는 상대는 외계인이라고 생각하고 대하는 것이 좋습니다. 상대의 기분을 이해하고 싶다면, 직원들의 장점과 단점을 똑같은 개수만큼 노트에 써보는 건 어떠십니까?"

나쁜 점만 보는 것도, 좋은 점만 보는 것도 결국 상대를 '반'만 이해하게 된다는 뜻이었습니다.

'타산지석(他山之石)'이라는 고사성어는, '다른 사람의 행동을 보고, 좋은 점은 본받고 나쁜 점은 교훈으로 삼아 바로잡는다'는 의미입니다.

하지만 예전의 저는 '좋은 점을 본받는다'는 의식은 희박했고, 상대의 결점에만 시선이 향해 있었습니다. 장점과 단점을 모두 보았더라면 그 사람에게서 2배 더 배울 수 있었을 텐데, 상대의 좋은 점은 보려 하지 않았던 것입니다.

노트에 직원들의 장점과 단점을 같은 개수만큼 써보니, '과연 누구에게든 장점과 단점은 반반씩 있다'는 생각을 하게 되었고, 감정적이 되어 질책하거나 막연하게 칭찬하는 일도 사라지면서 후배들과의 관계는 눈에 띄게 좋아졌습니다.

그리고 그 사람의 인격이 입체적으로 보이기 시작하면서 직원들의 역량(능력, 적성)을 정확히 파악할 수 있게 되었다고 생각합니다. 즉, '이 직원에게 이 일을 맡기면 어떤 결과가 나올지'가 보이게 된 것입니다.

한 예로, 나카타니 마사히코는 업무 태만의 상습범이었습니다. 광고지를 돌리고 오겠다고 하고 매장을 나선 후, 제가 탐정같이 그 뒤를 미행하면 항상 게임센터에서 게임을 하고 있었습니다.

해고해도 전혀 이상하지 않을 사안이었지만 저는 몹시 갈등했습니다. 왜 제가 나카타니 문제를 단호하게 정리하지 못하고 있는지, 일단 그의 장점과 단점을 노트에 함께 써내려가다 보니 갈등의 이유가 확연히 드러났습니다.

그는 '저에게 없는 것(성격과 능력)'을 가지고 있었기 때문이었습니다.

꼼꼼하고 모든 일에 완벽을 추구하며 규정은 반드시 지키는 성격인 저로서는, 규정을 무시하고 느긋하게 행동하는 그의 기질은 받아들이기가 어려웠습니다. 저는 '자신의 장점이 옳다'고 생각한 나머지, '그의 장점의 옳음'을 이해하지 못했던 것입니다.

그 사실을 깨달은 저는 도리어 그를 '광고지 배포 리더'로 발탁했습니다. 그 외에도 업무 태만을 보이는 직원들이 있었기 때문에 '독은 독으로 제압'하기로 한 것입니다.

규정을 지키는 사람에게 규정을 지키지 않는 사람을 관리시키는 것보다, 규정을 지키지 않는 사람에게 똑같이 규정을 지키지 않는 사람을 관리시키는 것이 업무 태만을 막을 수 있을 것으로 생각했기 때문입니다.

뱀이 다니는 길은 뱀이 알고 있습니다. 나카타니는 바로 그 적임자였지요.

나카타니는 직원들이 언제, 어디서, 어느 타이밍에 꾀를 부리는지 무서우리만치 잘 꿰뚫고 있었습니다. 예전 자신의 행동을 다시 떠올려보기만 하면 되었기 때문입니다.

리더 역할을 맡게 되었다는 사실에 의기양양해진 나카타니는 머지않아 두각을 나타냈습니다. '절대 꾀를 부릴 수 없는 지옥의 체제'를 만들었고, 광고지 배포 매수를 늘려 약 1개월 만에 고객 수를 5배로 늘리는 데 성공한 것입니다. 현재 나카타니는 17개의 매장을 경영하는 FC 오너로 성장했고, 연봉 4억을 넘어서 페라리 458 이탈리아를 몰며 후배들에게 두터운 신용을 얻고 있는, 모두가 목표로 삼고 있는 리더가 되었습니다.

인간관계에서 실패하거나, 주변 사람들과 협조가 잘되지 않을 때에는 상대의 장점과 단점을 같은 개수만큼 노트에 써내려가 볼 것을 권합니다(최대한 많이 쓸 것).

그러면 상대에 대한 편견이 사라지고, 공정한 평가를 할 수 있게 됩니다. '왜 자신과 상대가 잘 맞지 않는다고 생각한 것인지', '자신과 상대의 차이는 어디에 있는지', '어떤 업무를 맡기면 역량을 발휘할 수 있는지' 등의 질문에 대한 해답이 보이면서 더 나은 인간관계를 만들 수 있게 됩니다.

'자신의 장점과 맞지 않는다'는 이유로 인간관계에 차등을 두어서는 안 됩니다. '자신에게는 없는 능력을 가지고 있는 사람'과 함께 일을 하지 않는 한 연봉 10억의 달성은 불가능하기 때문입니다.

---

memo memo

상대방의 장점과 단점을 똑같은 개수로

적어가다 보면 생기는 이득

1. 내 장점을 상대방에게 강요하고 있었다는

   자각을 하게 된다.

2. 상대방의 진짜 모습을 볼 수 있다.

3. 상대방의 장점도 옳다는 사실을 알게 된다.

4. 상대방에 대한 공정한 평가를 할 수 있다.

5. 더욱 나은 인간관계를 만들 수 있다.

습관 16
'3인 1조'의 팀이 가장 강력한 힘을 발휘한다

제가 FC(프랜차이즈) 오너가 된 때는 2002년, 스물여섯 살이었습니다. 현재, 제가 기점이 되어 전개하고 있는 프랜차이즈가 70개 매장이니, 평균적으로 1년간 약 5개 매장이라는 빠른 속도로 신규 매장들을 오픈해왔다는 계산이 나옵니다.

그렇다고는 하나 사실 FC 오너가 된 처음에는 '다매장 전개'에 굉장히 소극적이었습니다. '매장의 수가 늘어나면, 그만큼 리스크도 늘어난다. 매장이 1개에서 2개로 늘어나면 2배 더 힘들어진다. 10개가 된다면 10배 더 힘들 것이다'라는 불안한 생각을 하고 있었기 때문입니다.

하지만 지금 저의 생각은 180도 달라졌습니다. '매장이 늘어날수록 리스크는 줄어든다. 매장이 늘어날수록 경영은 안정된다'는 생각으로 바뀌었습니다. 왜 이렇게 생각이 달라졌을까요? 다매장 전개의 메리트는 크게 3가지가 있습니다.

팀 만들기는 점이나 선이 아닌 '면'으로 생각해야 한다

1. 직원의 수가 늘어날수록 전투력은 쉽게 떨어지지 않는다

가령 제가 매장을 하나만 가지고 있었다고 가정해보겠습니다. 그 매장에 직원들이 4명 있다고 했을 때 1명이 그만두는 순간, 즉각 전투력은 25%나 떨어지게 됩니다. 이는 꽤 타격을 입힐 수치입니다.

하지만 매장을 10개 운영을 하고 있고, 그곳에 직원들이 40명이 있다면 1명이 그만두더라도 전투력은 전체의 2.5%밖에 떨어지지 않습니다. 소폭의 마이너스로 그친다면 남은 직원들로 보완할 수가 있는 것입니다.

그리고 1개의 매장에서는 치명상을 입기 쉽기 때문에 폐점 → 즉각 파산으로 이어질 수 있습니다. 매장이 10개라면, 설령 수지타산이 맞지 않는 매장을 폐점한다고 하더라도 남은 매장에서 안정적인 경영을 계속할 수 있는 것입니다.

2. 오너와 직원의 '의존 구조'를 불식할 수 있다

직원의 수가 적으면 그다지 강하게 지도할 수가 없습니다. 직원이 그만두게 되면, 난처해지기 때문입니다. '오너인 내가 이런 말을 하면 직원이 그만두는 것은 아닐까?'라고 신경을 쓰게 되면서, 하고 싶은 말도 못 하게 됩니다.

그렇게 되면 '오너의 방침'은 뿌리내릴 수가 없습니다. 직원들도

'자신이 그만두면 오너가 난처할 것'이라는 착각을 하게 되면서 거만함을 보이는 경우가 생기는 것입니다.

3. 직원들 사이에서 경쟁 관계가 생겨난다

매장 1개가 '점'이라면, 매장 2개는 '선', 매장 3개 이상부터가 '면'이라고 할 수 있습니다. 매장 운영은 '면'이 되었을 때 비로소 안정됩니다. 그렇기 때문에 지방 도시에 첫 출점을 할 때는 공백을 두지 않고 단숨에 매장 3개를 출점하도록 하고 있습니다.

매장이 1개(점)일 때에는 오너인 저와 점장이 1대1 관계가 되기 때문에 2항에서 설명한 '의존 구조'에 빠지기가 쉽습니다. 오너는 강하게 말할 수가 없게 되고, 점장은 '어차피 자신 말고는 할 사람도 없으니 오너도 강하게 말하지 못할 것'이라고 생각해, 그 약점을 이용하게 됩니다. 서로가 말하고 싶은 것을 말할 수 있는 환경을 만들지 않으면 의존 구조를 피할 수 없습니다.

그럼 매장이 2개(선)일 때는 어떨까요? 이때는 점장들 사이에서 대립 관계가 생겨나기 쉽습니다. 경쟁 관계가 플러스 요소로 작용해 상호 발전할 수 있는 방향으로 향한다면 좋겠지만, 대부분의 경우에는 서로의 발목을 잡게 됩니다.

매장이 2개일 땐 '나도 열심히 하니까 너도 열심히 하라'고 서로 응원하는 관계가 되는 경우는 적고, 오히려 '네가 열심히 하면 나도 열심히 해야 하니, 너도 너무 열심히 하지 말라'는 역행적인 의견을 공유하게 됩니다.

한편 매장이 3개(면)가 되면, 3명의 점장이 '서로 성장하는 관계'

를 구축하게 됩니다. A점장과 B점장의 의견이 엇갈려도 C점장이 그 사이에 들어감으로써 의견이 통일되기 쉬워지며, '세 사람이 모이면 문수보살 같은 좋은 지혜가 나온다'는 속담처럼 3명이 모이면 문제 해결의 실마리를 찾기가 쉬워집니다. 그리고 '건전한 경쟁 관계'도 생겨나게 되는 것입니다.

일리노이 대학 어배너 샴페인 캠퍼스의 심리학 연구자는 '공동 작업을 할 때의 최적 인원수는 3명'이라는 논문(※9)을 발표했다고 하는데, 저도 이와 같은 의견입니다.

매장 운영도, 직장 내에서 팀을 구성하는 데에도 3명(3개 매장) 이상의 '면'을 구성하는 것이 가장 효율적이라고 절실히 느끼고 있습니다.

의자와 마찬가지입니다. 다리가 2개일 땐 안정적으로 서 있을 수 없습니다. 안정적으로 서 있을 수 있는 것은 '다리가 3개' 이상일 때부터입니다. 만약 부하가 30명 있다면 '3명씩 10조'로 나눠 생각하는 것입니다. 그러면 강력한 팀을 만들 수 있습니다.

memo memo

배칭(팀 인원)이 많으면 생기는 이득

1. 직원의 수가 늘어날수록 전투력은 쉽게 떨어지지 않는다.

2. 오너와 직원의 '의존 구조'를 불식할 수 있다.

3. 직원들 사이에서 경쟁 관계가 생겨난다.

습관 17
'10년 계획'을 '숫자'로 바꿔 종이에 적고, 그대로 실천한다

제가 어스에 갓 입사했을 당시, 고쿠분 사장의 연봉은 이미 10억 원을 넘어 업계에서 톱클래스였습니다. 제가 고쿠분 사장에게 '어떻게 하면 연봉 10억 원을 벌 수 있습니까?'라고 질문을 하자 고쿠분 사장은 3가지 조언을 해주었습니다.

첫 번째는, 아침 일찍 출근할 것.

두 번째는, 최소 3년간, 가능하다면 10년 동안 쉬지 않고 일할 것.

그리고 세 번째는, 10년 계획을 세울 것이었습니다.

'언젠가 부자가 되고 싶다'고 추상적으로 생각만 하는 한, 목표는 달성할 수 없습니다.

현실적으로 목표를 이루기 위해서는 '언제, 어디서, 무엇을 하면 되는가?'를 지금 당장 결정해야 합니다.

오늘, 지금, 바로 이 자리에서 결정하고 종이에 글자로 남긴다면 더 이상 흔들리지 않을 것이며, 종이에 써버리면 스스로 지우지 않는 한 그 목표는 사라지지 않습니다.

그러니 '언젠가'가 아니라, '10년 후'라고 정해버리는 것입니다. 단순히 '부자'가 아니라 '연봉 10억 원'이라고 정하는 겁니다(적어도 이 책을 읽는 분이라면).

'10년 후의 목표를 어떻게 세우란 말인가'라고 어렵게 생각하지 말고, 우선은 '10년 후에 연봉 10억 원을 벌 것'이라고 결의를 다지는 겁니다. 그리고 '그 목적을 실현하기 위해서는 언제, 어디서, 무엇을 하면 되는가?'를 역산해서 생각하고, '종이에 써보는 것'입니다.

'10년 계획'을 세우면 조력자가 늘어난다

다음에 소개하고 있는 표는 제가 스물네 살(어스 긴자점의 점장이 되었을 때)에 세웠던 10년 계획입니다.

일단 '10년 후의 이상적인 자신(되고 싶은 내 모습)'과 '자신의 현주소(지금 자신의 상황)'를 적고, 그다음은 1년마다의 목표를 단계적으로 채워나갑니다.

목표를 적을 때에는 수치화하는 것이 중요합니다. 연령, 연봉, 매출, 이익, 직원 수, 매장 수, 배출할 경영인의 수 등등 목표를 반드시 숫자로 적어야 합니다.

수치화하여 종이에 적으면 그 꿈은 구체적으로 변합니다. 스스로 정한 숫자라면 정해진 할당량이나 의무감으로 느껴지지도 않습니다. 숫자에 쫓기는 인생에서 '꿈을 실현하기 위해 스스로 숫자를 좇는 인생'으로 전환되는 것입니다.

그리고 10년 계획은 조력자를 늘리는 장치이기도 합니다.

제 10년 계획은 항상 수첩의 1페이지에 붙여놓고 다녔기 때문에 자연스레 다양한 사람들에게 10년 계획을 보여주게 되는 경우가 있었습니다.

그러자 '이런 공부를 하는 게 도움이 될 것이다', '이 목표를 달성하고 싶다면, 이 정도의 매출은 올려야 한다', '목표 매출을 달성하기 위해서는 매장 수가 이 정도는 필요하다', '매장 수를 늘리려면 은행에서 얼마 정도의 융자를 받아야 한다' 등등, 경영 대선배들이 실천적인 조언을 해주었습니다. 그리고 부하직원의 입장에서도 '상사에게 어떤 도움을 주면 되는지'가 명확해지기 때문에, 부하직원의 협력도 얻기가 수월합니다.

'10년 계획' 표

연도	연령	연봉(원)	매출(원)	이익(원)	직원 수	매장 수	경영인 (배출 수)
2000년	24세	6,000만	7억 5천만	6,000만	13명	1개	★
2001년	25세	8,000만	10억	8,000만	17명	1개	★
2002년	26세	1억	20억	1억	34명	2개	★
2003년	27세	1억 5천만	30억	1억 5천만	50명	3개	★
2004년	28세	2억 5천만	50억	2억 5천만	84명	5개	★
2005년	29세	3억 5천만	70억	3억 5천만	117명	7개	1명
2006년	30세	5억	100억	5억	167명	10개	2명
2007년	31세	6억 5천만	130억	6억 5천만	217명	13개	3명
2008년	32세	7억 5천만	150억	7억 5천만	250명	15개	5명
2009년	33세	10억	200억	10억	334명	20개	7명

종이에 적은 '10년 계획'이 있으면 흔들릴 일이 없다

저는 10년 계획을 수첩, 화장실, 사물함, 컴퓨터 등 곳곳에 붙여놓고 무슨 일이 있어도 매일 아침, 저녁으로 2번 이상 보려고 하고 있습니다. 그렇게 하면 '매일 목표를 재확인'할 수가 있습니다.

'2028년까지 이 계획을 실행해야 한다'고 매일 되새긴다면 '자신이 나아가야 할 방향'이 흔들리지 않습니다. 그럼 자고 있는 동안에도 뇌가 마음대로 일을 하게 되면서 문득 비즈니스 아이디어가 떠오르는 경우도 있습니다.

'10년 계획표'를 보면 계획이 버젓이 적혀 있기 때문에, 지금 얼마만큼 나아가고 있는지, 뒤처졌다면 얼마나 뒤처졌는지 일목요연하게 확인할 수 있습니다.

예를 들어, '2020년까지 5개의 매장을 더 오픈하지 않으면 계획보다 늦어진다'고 했을 때 '언제, 무엇을 하면 매장 수를 늘릴 수가 있는 것인가?'를 구체적으로 생각하고 대책을 세울 수가 있게 되는 것입니다.

하지만 '종이에 적은 계획' 없이 머릿속에서만 목표를 세우게 되면 추상적인 것에 불과할 뿐 구체적인 대책을 세운다는 의식이 작용하지 않고, 어물어물 시간만 흐르게 됩니다.

종이에 적은 계획이 있다면 불필요한 방황을 겪을 이유가 없습니다. 만약 늦어지고 있다면 바로잡기 위해 노력하면 되는 것이고, 앞으로 더 나아가고 있다면 조금 더 속도를 올리거나 유지하면 되는 것입니다.

이것이 아주 심플하게 갈 수 있는 '마법 같은 규칙'입니다.

실제로 저는 계획보다 빠른 페이스로 목표를 달성했고 서른한 살의 나이에 연봉 10억 원을 달성할 수 있었습니다.

저희는 시간 속에서 살아가고 있습니다. 목적지가 정해져 있지 않아도 인생은 쉬지 않고 앞으로 나아갑니다. 세월은 화살과도 같습니다. '하고 싶다'는 생각만 하고 있으면 10년이라는 시간은 말 그대로 눈 깜짝할 사이에 지나가버립니다.

이를 방지하려면 '목적지'를 분명히 정하고, 도착까지의 계획을 '숫자'로 바꿔 '종이'에 적은 후 그저 그 계획을 따라 앞으로 나아가면 됩니다.

'그 방법으로 정말 연봉 10억 원을 벌 수 있는 것이냐'고 생각하는 분도 계실지 모릅니다. 하지만 이것이 바로 연봉 10억 원을 벌기 위한 가장 빠른 길입니다.

memo memo

10년 계획을 세우면 생기는 이득

1. 꿈이 구체적으로 된다.

2. 조력자가 늘어난다.

3. 흔들릴 일이 없다.

HABIT 3.
생활의 습관

습관 18

연봉 10억 이상인 사람은
담배를 피우지 않는다

저는 과거에 애연가였습니다. 20대 초반 무렵, 하루에 2갑 이상 (40개비 이상)은 폼 잡고 싶어서 피웠습니다.

제가 미용사가 된 1995년 무렵은 미용 업계의 흡연율이 높아 약 80%가 흡연자였습니다. '담배도 하나의 패션'이라는 풍조가 남아있었기 때문에, 저도 '담배를 피우는 것이 인간적으로 멋있다!'는 생각을 하고 있었던 것입니다.

하지만 지금은 전혀 담배를 피우지 않습니다.

담배를 끊은 뒤 저는 다시금 '흡연은 백해무익할 뿐 얻을 수 있는 것은 전혀 없다(금연하면 낭비가 사라진다)'는 사실을 깨달았습니다.

담배를 피우면 4가지 무익함이 늘어난다

담배의 무익함 1. 건강을 낭비한다

제가 알고 있는 고소득자의 대부분은 '건강이 최고의 재산'이라고 생각하고 있습니다. 따라서 담배도 피우지 않는 사람들이 대부분입니다. 담배를 피우면 폐암, 심근경색 등 다양한 질병의 리스크가 높아지기 때문입니다.

건강을 잃고 입원이라도 하게 되면, 비즈니스 찬스를 놓쳐버리게 되고 커다란 손실을 보게 됩니다.

조명기구 회사를 경영하는 오가와 사장(가명)은 시가는 일반 담배보다 해가 적다고 생각해, 시가로 바꿨으나 오히려 회사의 실적이 악화하는 역효과를 초래했습니다. 시가를 피우려면 상당한 시간(35~45분 정도)이 걸리기 때문에 그만큼 시간을 빼앗기게 됩니다. 시가의 세계에 빠진 오가와 사장은 생산성을 놓치고 만 것입니다(시가를 끊자마자 실적은 회복되었다고 합니다).

담배의 무익함 2. 돈을 낭비한다

제가 담배를 피웠을 그 당시 세븐스타의 가격은 한 갑에 2,500원이었습니다.

저는 하루에 2갑을 피웠으니, 담배 가격으로 1일 5,000원을 쓴 셈이 됩니다. 만약 담배 가격이 오르지 않고 그대로 2,500원을 유지했다고 하더라도, 50년간 계속 담배를 피우면 5,000원×365일×50년=91,250,000원. 9천만 원 이상의 돈을 쓰게 되는 것입니다.

그리고 현재(2018년), 세븐스타의 가격은 한 갑에 4,600원이니까,

가령 오늘부터 하루에 두 갑을 50년간 피운다고 하면(가격이 오르지 않는다고 가정하고), 무려 9,200원×365일×50년=1억 6,790만 원이나 지출이 발생하는 것입니다. 말도 안 되는 이야기지요.

담배의 무익함 3. 시간을 낭비한다

담배를 피우면서 휴식을 취하는 시간이 예를 들어 1개비=10분이라고 가정해보겠습니다. 하루에 20개비를 피운다고 하면, 200분(=3시간 20분)이라는 시간 동안 오로지 담배만 줄곧 피우는 생산성 없는 시간을 보내게 되는 셈입니다.

저도 과거에는 '업무의 효율을 높이기 위한 기분 전환'이라는 핑계로 담배를 피우며 휴식 시간을 보내곤 했지만, 제가 담배를 피우는 동안 담배를 피우지 않는 사람은 매장 안을 청소하고 있다는 사실을 알아차렸습니다. 즉, 흡연자인 저는 비흡연자의 시간까지도 빼앗고 있었던 것입니다.

담배의 무익함 4. 인간관계를 낭비한다

후생노동성이 2014년에 실시한 '국민 건강 영양 조사'에 따르면, 성인의 흡연율은 19.6%로, '소득이 낮은 사람일수록 흡연율이 높다'는 결과가 나와 있습니다(남녀 모두 연 수입 2,000만 원 미만과 연 수입 2,000만 원~6,000만 원대의 흡연율이 높습니다).

이는 개인적인 의견이지만, '소득이 높은 사람일수록 흡연율이 낮은' 이유는 고소득자일수록 '생산성이 없는 일'과 '건강을 해치는 일'에는 시간과 돈 쓰는 것을 기피하기 때문이 아닐까 생각합니다.

고소득자는 흡연자와 소원해시는 경향이 있습니다. '흡연자와는 일을 하지 않는다'는 경영인이나, 호시노 리조트처럼 '흡연자는 채용하지 않는다'고 딱 잘라 말하는 기업도 있습니다.

담배를 좋아하는 사람'은 '담배를 싫어하는 사람'과 인간관계를 쌓기가 힘들어집니다. 성공한 사람을 내 편으로 만들기 위해서는 '생산성이 낮은 일 & 건강을 해치는 일=담배'를 끊는 편이 좋습니다. 계속 담배를 피우는 한, 성공한 사람(고소득의 비흡연자)의 협력을 얻기는 힘들지 않을까요?

---

memo memo

담배를 피우면 생기는 손해

1. 건강을 낭비한다.

2. 돈을 낭비한다.

3. 시간을 낭비한다.

4. 인간관계를 낭비한다.

습관 19
식사는 '유명한 가게'보다 '명가'에서, '그 사람'이 있는 장소를 선택한다

접대나 회식 장소를 어떻게 선택하느냐로 상대방을 대하는 자세가 드러납니다. 그렇다면 어떤 장소를 선택하면 될까요?

성공한 각 분야의 전문가, 즉 우리가 일류라고 부르는 사람과 식사를 할 때는 '유명한 가게'보다 '명가_{名家}'를 선택하는 것이 더 높은 만족도를 줄 수 있습니다. 명가는 '저렴하지만 맛이 뛰어난 가게', '의외성이 있는 가게', '다시 만나고 싶은 그 사람(점주, 점원)이 있는 가게'를 말합니다. 남들에게 알려지지 않고, 의외성이 있는 명가는 상대에게 접대를 제안하기에도 좋고, 상대와의 거리도 좁힐 수 있습니다.

도쿄 도심에 카레 우동이 무척이나 맛있는 숯불구이 가게가 있습니다. '숯불구이 가게이면서 카레 우동이 맛있는 집'이라는 의외성 때문에 많은 사람들이 관심을 갖고 있던 가게입니다. 어느 초일류 경영인은 '웬만한 일이 아니고서는 다른 사람과 회식을 하지 않는다', '취미가 일하는 것이라, 일 이외에는 시간을 허비하지 않는다'는 방침을 가진 사람으로 유명했지만 제가 이 가게의 이야기를 꺼내자 "그런 가게도 있군요. 재미있네요."라는 말과 함께 시간을 내어주었습니다.

그 가게의 의외성이 평소라면 절대 데려갈 수 없었던 초일류 경영인에게 흥미를 느끼게 해준 것입니다. 식사하는 동안 저는 그 경영인의 시간을 온전히 제 것으로 만들어 많은 것을 배울 수가 있었습니다.

이 숯불구이 가게에는 30년 이상 미용업계에서 활약하고 있는 카리스마 경영인, 스즈키 사장(가명)을 모신 적도 있습니다. 스즈키 사장이 강사를 맡은 워크숍에 참가했던 저는 워크숍이 끝난 후 스즈키 사장에게 말을 건넸습니다. "숯불구이 가게인데, 카레 우동이 굉장히 맛있는 곳이 있습니다. 제가 그 가게로 모셔도 괜찮겠습니까?"

그날은 스즈키 사장과 제가 처음 만난 날이었지만, "재미있는 곳이군요."라며 흔쾌히 승낙을 해주었습니다.

식사를 끝낸 뒤 스즈키 사장은 동종 업계의 라이벌이기도 한 저에게 '맛있는 카레 우동을 소개해준 보답'이라며, 30년 동안 쌓아온 비결이자 대외비인 '매장, 접객 매뉴얼'을 보여주었습니다.

'그 사람'이 있는 명가에서 식사하면, 서로의 친밀감이 높아진다

'명가(손님이 많은 가게)'와 '유명한 가게'의 차이는 '사람(점주, 점원)'에게 있습니다. 명가에는 '그 사람'이 존재합니다. 요리의 맛은 물론이거니와 '그 사람과 만나고 싶다'는 생각으로 찾게 되는 곳이 명가입니다. 제가 부하직원들에게 '그 사람'이 될 수 있도록 노력하라고 지도하는 이유는 '그 사람이 있는 곳으로 가자!'는 생각이 들도록 하는 것이 명가를 만들기 위한 '첫걸음'이기 때문입니다.

이시카와현 가나자와시의의 번화가에 있는 가게 시나노는 알 만한 사람은 모두가 아는 명소입니다. 이곳에서는 점원이 '야호'라는 말 외에는 꺼내지 않습니다. 주문을 받을 때도 '야호'라는 말로만 대응하기 때문에 고객들은 이곳을 '야호차즈케'라고 부르고 있습니다.

그러던 어느 날, 모 은행의 지점장과 회식 후 2차 자리를 이 가게에서 한 적이 있었습니다. 가게가 마음에 들었는지, 아니면 이런 가게를 알고 있는 저를 '본질을 꿰뚫어볼 수 있는 사람'이라고 판단했는지, 어쨌든 며칠 후 신규 출점을 위한 융자를 받을 수 있었습니다.

물론, '재무 체질'을 평가해서였겠지만, '명가에서 즐겁게 함께 식사했던 것'이 융자를 해주기로 결정을 내리게 된 마지막 한 방이었다고 개인적으로 생각하고 있습니다. 오차즈케 お茶漬け. 따끈한 밥에 찻물을 말아서 간단한 반찬과 함께 먹는 음식-옮긴이를 먹으면서 은행이 어떠한 기준으로 융자를 결정하는지 당사자의 생각도 직접 들을 수 있었기 때문에, 그 후의 경영에 큰 도움이 되었습니다.

도내 모처에 있는 '욕쟁이 나오코(가명)'라는 이름의 오뎅바에는 굉장히 감정 기복이 심한 변덕스러운 여주인이 있습니다. 고객을 상대하면서 갑자기 화를 낸다거나 요리를 하다 만다거나 하는 등 변덕이 심했습니다(웃음). 미용 제품 업체의 다나카 사장(가명)과 식사를 한 후에, 저는 이 가게가 생각이 나 귀가하려던 다나카 사장에게 "2차 가시겠습니까? 주인아주머니가 갑자기 화내는 재미있는 가게가 있거든요."라고 제안한 후 함께 가게 되었습니다.

다나카 사장은 이 주인아주머니가 굉장히 마음에 든 것처럼 보였습니다. 일반적으로 사장들은 높은 직위에 있는 만큼, 상대가 거침없이 말해주는 것을 좋아합니다. 다나카 사장은 그 후 굉장히 좋은 조건으로 계약을 해주었습니다. 이 가게에서 보낸 즐거운 시간이 결정타가 된 것이 분명합니다. '비싸고 맛있는 가게'는 뻔합니다. 가이드북에 실린 가게는 누구나 아는 곳입니다. 그보다, '명가'나 '그 사람이 있는 가게'에 가는 것이 친밀감을 높이는 훨씬 더 효과적인 방법입니다.

memo memo

명가에서 접대하면 생기는 이득

1. 명가는 '저렴하지만 맛이 뛰어난 가게', '의외성이 있는 가게', '다시 만나고 싶은 그 사람 (점주, 점원)이 있는 가게'를 말한다.
2. 상대방과의 거리를 좁힐 수 있다.
3. 명가에서는 즐겁게 지낼 수 있고, 그만큼 상대방에게서 많은 것을 배울 수 있다.

습관 20
낙담하는 시간은
최대 3분까지

저는 일이 잘 풀리지 않을 때가 있어도 낙담하지 않습니다.

엄밀하게 말하면 낙담은 하지만 낙담, 불안, 우울 같은 마이너스 감정들이 스멀스멀 올라와도 '최소 1초' 만에 기분을 전환할 수 있습니다.

물론 처음부터 1초 만에 기분을 회복할 수 있었던 것은 아닙니다.

옛날에는 저 자신의 한심함이나 직장 내의 부조리함을 이겨 내지 못하고 온종일 끙끙 가슴앓이를 한 적도 있습니다.

하지만 '걱정거리는 아무리 떠안고 있다 한들, 눈곱만큼도 해결되지 않는다'는 사실을 깨닫고 난 후부터는 고민하거나, 방황하거나, 낙담하는 시간을 애써 없애려고 노력하고 있습니다. 걱정거리를 해결할 수 있는 유일한 방법은 '행동하는 것'입니다. 저는 낙담에서 벗어날 수 있는 마법 같은 '야마시타 규칙'을 만들어 '낙담'하기보다 '해결'하는 데 시간을 들이고 있습니다.

낙담에서 벗어나는 야마시타 규칙

1. 낙담하는 시간은 최대 3분까지

인간에게는 감정이란 것이 있기 때문에 전혀 낙담하지 않을 수는 없습니다. 분노나 슬픔 같은 부정적인 감정에 휘둘릴 때도 있습니다. 하지만 '낙담하는 시간을 단축'할 수는 있습니다. 낙담할 상황이 닥치면 '딱 3분 동안만 낙담하는 시간'을 만들어 그 감정에 충실해보십시오. 괜찮다면 아무도 없는 창고에 가서 소리를 크게 질러도 좋습니다. 그리고 3분간 실컷 낙담함으로써 마이너스 감정을 모두 분출하는 것입니다.

2. 억지로라도 웃는다

3분간 마음껏 낙담했다면 이번에는 애써 '소리 내어 웃도록' 하십시오. 다른 사람들 앞이어도 괜찮습니다.

영국의 서식스 대학교에서 진행된 실험에서, 웃으면 기분이 좋아진다는 결과가 밝혀졌습니다. '불쾌한 얼굴로 만화 프로그램을 볼 때'와 '웃는 얼굴로 만화 프로그램을 볼 때'에는 후자가 더 재미있게 느껴진다고 합니다[※10].

그리고 《종의 기원》의 저자 다윈은 표정에 관한 연구도 했는데, '웃음은 기분이 좋을 때 나오는 결과일 뿐만 아니라, 웃는 행위 자체가 기분을 좋게 만들어주는 것'이라고 말했습니다[※11].

낙담했을 때야말로 웃어야 합니다. 억지로 만들어낸 미소여도 괜찮으니, 애써 웃으려 하다 보면 더 빨리 회복할 수 있습니다.

어느 의류 업체 A사 사장은 후계자로 눈여겨보고 있던 부하직원에게 갑작스러운 배신을 당했습니다. 부하가 금전 수수의 부정행위를 저지른 것입니다.

A사장은 몹시 낙담했지만, '낙담한다는 것은 자기 자신을 과대평가하고 있었기 때문이다. 예수 그리스도조차 제자인 유다에게 배신을 당했는데, 내가 배신당한 것 정도는 아무것도 아니다'라며 마음을 바로잡고 큰 소리로 웃었다고 합니다. 그러자 기분이 후련해지면서 다시는 이런 일이 생기지 않도록 개선해야겠다는 의욕이 솟구쳤다고 합니다.

3. 낙담의 원인과 해결책을 노트에 적어본다

낙담한다고 해서 상황이 좋아지는 것은 아니기 때문에 곧바로 문제의 해결에 착수해야 합니다.

저 같은 경우는 우선 낙담의 원인과 해결책을 노트에 적어보는 것부터 시작합니다. 가령 신뢰하고 있던 직원이 사표를 냈다면, '왜 사표를 낸 것인지', '무엇이 문제였던 것인지' 등의 원인을 찾아내고, 그 후엔 '어떻게 개선할 수 있을 것인가'를 생각합니다. 그리고 해결책이 나오면 그 자리에서 즉시 실행을 합니다. 이를 스피드 있게 실행하기 위해서는 낙담하고 있을 여유 따위는 없는 것입니다.

인생에 낙담할 여유는 없다

지금의 저에게 낙담하는 시간은 2, 3초로 충분합니다. 3분씩이나 낙담하고 있지 않습니다. 순식간에 기분을 전환하고 남은 시간은 사태의 수습, 해결, 개선에 사용하고 있습니다.

인생에 낙담하고 있을 여유 같은 것은 없습니다. 일어난 문제를 직시하고, 곧장 해결책을 생각해 실행에 옮기는 수밖에 없습니다. 하루 종일 낙담하든 3분을 낙담하든 문제는 해결되지 않습니다. 그렇다면 낙담하는 시간을 '최소한으로 단축'하고 바로 문제 해결에 나서는 편이 모두에게 좋은 것입니다.

---

memo memo

낙담에서 벗어나기 위한 3가지 규칙

1. 낙담하는 시간은 최대 '3분'까지.

2. 억지로라도 웃는다.

3. '낙담의 원인'과 '해결책'을 노트에 적어본다.

습관 21

매일 체중계에만 올라가도 연봉이 오르기 시작한다

홋카이도의 니세코에서 개최된 '리더를 위한 워크숍'에 참가했을 때의 일입니다. 그 워크숍에는 총 80명(남성 60명, 여성 20명)이 참가했습니다.

저녁 식사를 하기 전에 남성 참석자 60명이 다 함께 온천에 들어갔는데, 온천에서 나오자 이사장(워크숍 주최자)이 출구 앞을 가로막고 서서는 "지금부터 모든 사람의 몸무게를 체크하겠으니, 탈의실에 있는 체중계에 올라간 뒤 나가주시기 바랍니다."라고 지시하는 게 아니겠습니까.

이사장은 한 사람 한 사람에게 "목표 체중은 몇 킬로그램입니까? 지금 당신의 체중은 몇 킬로그램입니까?" 하고 질문하면서 몸무게를 체크했습니다.

몸무게를 잰 이유는 그 후에 알게 되었습니다.

'체지방률과 자산은 반비례한다. 부자 중에 살이 찐 사람도 물론 있지만, 그런 사람은 장기적으로 보면 머지않아 분명히 자산을 잃을 것이다'라는 것이 이사장의 지론이었습니다.

그리고 이사장이 현재 몸무게와 목표 몸무게, 이 두 가지를 질문한 것은, 참가자가 '숫자에 강한지 약한지'를 확인하기 위함이었습니다.

현재 몸무게를 바로 대답할 수 있는 사람은 '현실을 직시하는 힘'을 가지고 있기 때문입니다.

현재 자기 자신의 숫자(몸무게, 체지방률 등)를 직시하고 있는 사람은 회사의 숫자(매출, 고객 수, 단가, 재고, 차입액 등)도 매일 체크합니다. 숫자에 대한 감도가 높기 때문에 '숫자가 암시하는 회사의 이상 상태(경고)'도 금방 알아차릴 수가 있습니다.

그리고 목표 몸무게를 바로 대답할 수 있는 사람은 '1년, 3년, 5년, 10년이라는 기간별로 사물을 생각하는 힘'을 가지고 있습니다.

이러한 사람은 눈앞의 이익에 현혹되지 않고 '되고자 하는' 목표를 향해 계획적으로 행동할 수 있습니다.

워크숍에 참석한 60명 중 목표 몸무게를 대답한 사람은 20%(12명)였고, 목표 몸무게와 현재 몸무게를 모두 정확하게 대답한 사람은 10%(6명)였습니다. 그리고 이사장의 판단대로 목표 몸무게와 현재 몸무게를 모두 대답한 6명은, 전체 참가자 60명 중에서도 '크게 앞지른 실적'을 기록한 사람들이었습니다.

즉, 그 사이에서 숫자를 바로 대답할 수 있었던 이 6명의 공통점은 '매일 체중계에 오르고 있다'는 것과 '매일 자신의 숫자를 체크하고 있다'는 것이었습니다.

매일 숫자를 눈으로 보고 있으면, 어제와 오늘의 변화를 놓치는 일이 없습니다. 그리고 그 변화에 바로 대응할 수가 있습니다.

예를 들어, 어제의 몸무게가 60kg이고 오늘 몸무게가 60.5kg이라고 했을 때 그 차이는 500g이 됩니다. 그 정도면 오늘의 식사량을 줄이기만 해도 다음 날 몸무게는 원래대로 돌아올 수 있을 것입니다. 하지만 체중계에 오르지 않는 사람은 '나날의 작은 변화'를 놓쳐버리기 때문에 알아차렸을 땐 이미 돌이킬 수 없는 '큰 변화'로 불어나 있는 경우가 있습니다. 1년 전에는 몸무게가 60kg이었던 사람이 자신도 모르는 사이에 1년 후 70kg까지 몸무게가 늘어났다고 했을 때, 다시 몸무게를 60kg로 되돌리는 일은 쉽지 않습니다.

예를 들어 한 달 매출 목표가 1억 원이었다고 가정해보죠. 숫자에 약한 사람은 한 달이 끝난 시점에 목표를 달성했는지 달성하지 못했는지 판단하려고 합니다.

이러면 대부분 목표를 달성하지 못합니다. '작은 문제'를 전혀 고려하지 않기 때문입니다. 말일 이틀 전에 매출이 7,000만 원밖에 나오지 않았다면, 남은 이틀 만에 부족한 3,000만 원의 매출을 올리는 것은 힘든 법입니다.

한편, 숫자에 강한 사람은 1억 원이라는 목표를 30일로 나누어 '1일 330만 원'이라는 숫자로 체크를 합니다. 그리고 '오늘은 30만 원이 부족했으니, 내일 360만 원의 매출을 올리자'고 날마다 숫자를 재확인하며 매일 '작은 개선'을 반복합니다. 그래서 목표액에 더 빨리 도달하게 되는 것입니다.

매일 '숫자'를 체크함으로써 '작은 변화'를 알아차린다

6명 중에서도 가장 높은 실적을 기록한 가토 씨(가명)는 무려 1일 2회, 아침저녁으로 몸무게와 체지방을 측정해 수첩에 기록까지 하는 강자였습니다.

그뿐만 아니라, '그날 몇 시에 무엇을 몇 g 먹었는지', '배변 여부', '기상 시간과 취침 시간'까지 수첩에 기록하고 있었던 것입니다.

그렇게 '자신의 숫자'를 빠짐없이 체크한 결과, '먹으면 좋은 것', '먹지 말아야 할 것'을 분석할 수 있게 되었다고 합니다. 그리고 이 분석의 습관이 '경영에도 큰 도움이 되고 있다'고 가토 씨는 말합니다.

"숫자의 괴물'이라고 자칭하는 저는 매일 꼭 숫자를 체크하고 있습니다. 매일 아침 전 지점의 숫자(매출과 고객 수, 상품 판매 수 등)가 제게 보고되고 있습니다. 그렇게 하면 '작은 변화'에도 재빨리 대응할 수 있기 때문에 '커다란 손실'을 방지하고 안정적으로 매출을 늘릴 수가 있게 됩니다."

예를 들어, 어느 매장에서는 매출이 전년 대비 110% 신장했는데도 불과 3일 만에 50%까지 떨어진 적이 있습니다.

이상을 감지한 제가 점장에게 확인해본 결과, '여러 직원이 동시에 이직한 사실을 숨기고 보고하지 않았다는 것'을 알게 되었습니다.

근처 매장에 도움을 요청해 바로 해결책을 마련하자 다음 날 매출은 회복되었습니다. 만약 제가 직원들의 이직 사실을 모르고 있었다면, 분명히 상처 부위는 더욱 크게 벌어졌을 것입니다.

체형의 적정 지수는 BMI(체격지수: Body Mass Index) 25 미만입니다.
BMI=체중kg ÷ (신장m × 신장m)

'25 이상 30 미만'은 '비만', '30 이상'은 '고도 비만'으로 판정합니다. 저의 경험상, BMI가 25를 넘으면 연봉 10억에서 멀어진다고 생각합니다. BMI가 25를 넘지 않도록 식사 등을 유념해 적정한 몸무게를 유지할 것을 권장합니다.

자기 자신을 관리하지 못하는 사람은 자산이나 일도 제대로 관리할 수 없을 것이며, 연봉 10억을 달성할 수 있을 리가 만무합니다.

체중계에 목표 몸무게와 체지방률을 모두 붙여놓고, 아침저녁으로 체중계에 오를 것. 그리고 매일 몸무게와 체지방률을 기록해, '일상의 작은 변화'를 놓치지 않을 것.

목표 몸무게와 현재 몸무게를 바로 말할 수 있게 된다면, 일도 원하는 방향으로 컨트롤할 수 있게 될 것입니다.

memo memo

매일 몸무게를 재면 생기는 이득

1. 숫자와 친해지고 숫자 감각이 몸에 밴다.

2. 작은 변화에도 재빨리 대응해서 커다란 손실을 방지할 수 있다.

3. BMI 지수 25 미만을 유지하여 자기관리가 되고 있다는 것을 어필할 수 있다.

습관 22

'일등석'에는 타면 안 된다

'이동 시간의 낭비'를 자각했을 때 일의 성과는 크게 달라집니다. '이동 시간'은 일을 하는 시간입니다. 이동 시간에 무신경한 사람은 일의 효율이 떨어지는 사람입니다.

몇 년 전의 일이지만, 신칸센^{新幹線, 일본의 고속철도–옮긴이}을 타고 나고야로 가기 위해 기차를 기다리다가 플랫폼에서 이전에 함께 일했던 디자이너인 후지와라 씨(가명)를 만난 적이 있습니다. 후지와라 씨는 인테리어 디자인 분야에서 활약하는 일류 디자이너입니다.

저와 후지와라 씨는 같은 시각의 신칸센에 탑승했습니다. 후지와라 씨는 저보다 먼 신오사카까지 가는 길이었기 때문에 도요하시역을 지났을 때쯤 제가 먼저 내린다고 인사를 건네려 자리에서 일어났습니다. 후지와라 씨가 몇 호차에 타고 있었는지는 몰랐지만 필시 일등석을 둘러보면 있을 것으로 생각하고 있었습니다.

하지만 후지와라 씨는 '일반 차량(지정석)'에 앉아 열심히 업무를 보고 있었습니다. 후지와라 씨 정도의 성공한 사람이 일등석에 타지 않았다는 사실에 위화감을 느껴, 저는 이유를 물었습니다.

그러자 후지와라 씨는 다음과 같이 대답했습니다.

"제게 신칸센은 제2의 사무실 같은 곳입니다. 그런데 일등석에 타면 일을 하기가 여간 불편합니다. 너무 조용하거든요. 특히 이른 아침의 일등석에는 자는 사람들도 많지 않습니까? 노트북을 사용하면 키보드 두드리는 소리가 차내에 울려 퍼져 주변 사람들을 지나치게 의식하게 돼 버리지요. 만약 일등석에 타는 편이 일반 차량을 탔을 때보다 빨리 도착한다고 하면 저도 일등석에 탈 것입니다. 일찍 도착하면 그만큼 현지에서 더 많은 일을 할 수가 있으니까요. 그런데 일등석에 타든 일반 차량에 타든 도착 시각은 똑같습니다. 그렇다면 제 입장에서 일등석은 별반 가치가 없는 것입니다."

저는 저 자신의 부족함을 통감했습니다. 왜냐하면 그때까지 저는 일등석에서 느긋하게 쉬기만 했기 때문입니다.

저는 일등석 자리에서 현재 저의 지위와 우월감을 느꼈고, 그렇게 허세를 부리고 싶은 마음뿐이었습니다. 사실 그 당시 저의 연봉은 10억에서 5억까지 떨어졌던 시기였습니다. 매장의 매출이 부진했던 시기였지요.

후지와라 씨의 말을 듣고 저는 즉각 나고야에서 돌아오는 신칸센부터 일등석 자리에 타는 것을 그만두었습니다. 그러고 나서부터 점차 매장의 매출과 저의 연봉은 조금씩 회복하기 시작했습니다.

회복한 이유는 2가지였던 것 같습니다. 하나는 일반 차량에 타서 이동 중에도 일하기 시작했던 것. 그 자세의 차이로 인해 '다양한 곳에서 생산성이 향상된 것'입니다. 그리고 또 하나는 '고객의 입장'에서 생각할 수 있게 됐다는 것입니다. 일등석에 타던 당시의 저는 '자신은 다른 사람들과 다르다'는 거만한 생각으로 겸손함을 잃고 오만하게 행동했었습니다. 따라서 고객의 입장에서 진지하게 생각할 수가 없었습니다.

일등석 타기를 그만둔 순간 '현장 감각'이 되돌아왔고, 직원들에게도 '고객의 입장'으로 지시를 내릴 수 있게 된 것입니다.

저는 지금 기본적으로 기차나 비행기의 일등석이나 비즈니스석에 타는 일도, 최고급 호텔에 숙박하는 일도 없습니다. '돈과 시간의 사용법에 겸손함이 사라지면 실패한다'는 것을 뼈저리게 느꼈기 때문입니다.

이동 시간 = 업무 시간

《연봉 100억을 넘어라》를 쓴 화장품 업체 경영인 스기타 회장(가명)은 항상 기사가 운전하는 롤스로이스나 마이바흐로 이동합니다. 저는 '운전기사를 고용하는 것이 낭비'라고 느껴져 스기타 회장에게 '왜 회장님이 직접 운전하지 않느냐'고 물어본 적이 있습니다.

그러자 스기타 회장은 '차 안에 있는 것은 회사 안에 있는 것이나 다름없다'고 대답했습니다.

'차 안이 바로 일하는 곳이기 때문에 직접 운전을 하게 되면 일을 할 수가 없다. 그리고 자신이 운전하게 되면 운전한 것을 마치 일한 것처럼 착각하기 마련'이라는 것이었습니다.

위의 두 사람에게 공통된 것은 '이동 시간'을 '업무 시간'이라고 생각하고 있다는 점입니다. 이동 시간을 활용하지 않고 잠을 자버리거나, 멍하니 보내는 사람은 성공할 수 없습니다. 이동 시간조차도 낭비하지 않고, 업무로 연결하는 그 자세. 그 '자세의 차이'가 바로 '연봉 10억'을 목표로 하는 사람에게 있어서는 매우 큰 것입니다.

---

memo memo

일등석을 타지 않으면 생기는 이득

1. 일등석이나 일반석이나 도착 시각은 똑같기 때문에 노트북 키보드를 두드려도 그다지 신경 쓰이지 않는 일반석에서 더 많은 일을 할 수 있다.

2. 일등석에 타고 있다는 자만심을 없애고 고객의 입장에서 생각할 수 있다.

습관 23
돈의 소중함을 아는 사람은 '돈 없는 설움'을 경험한 사람

저는 어렸을 때 '다른 사람들 앞에서 돈 이야기를 꺼내는 것은 경솔한 행동이다', '돈 이야기만 하는 것은 저속한 행동이다'라는 가르침을 받고 자랐습니다. 저의 아버지는 은행원이었기 때문에 돈의 소중함을 알고 있는 한편 돈과 관련한 사건을 수없이 보아왔을 것입니다.

하지만 현재 저는 돈을 좋아합니다. 다른 사람들 앞에서 돈에 관한 이야기를 할 때는 일말의 망설임도 없이 구체적인 금액을 꺼내면서 이야기를 합니다. 그 이유는 '돈을 모으면 모을수록 많은 사람을 기쁘게 해줄 수 있고, 행복하게 해줄 수 있다', '돈은 돈을 원하는 사람에게 굴러들어온다'는 사실을 깨달았기 때문입니다.

제가 존경하는 대부분의 경영인은 '돈을 좋아한다'는 사실을 스스로 인정합니다. '돈벌이=악', '돈을 버는 일=추악한 일'이라며 돈을 부정하는 짓은 하지 않습니다.

특히 한 번이라도 돈 없는 설움을 경험한 사람은 돈보다 소중한 것이 있다는 등의 그저 허울 좋은 말로 위안을 삼을 수 없을 것입니다.

확실히 '돈으로 살 수 없는 행복'도 많이 있습니다. 하지만 돈이 있으면 '막을 수 있는 불행'도 셀 수 없이 많습니다. 그 사실을 안다면 더 이상 돈은 추악한 것이라고 비하할 수 없을 것입니다.

카레 하우스 CoCo 이찌방야의 창업자, 무네쓰구 도쿠지 씨는 "나한테 최고의 사치는 필요로 하는 사람들을 위해 돈을 쓰는 것(기부하는 것)"이라고 말합니다.

부모님의 얼굴도 모른 채 보호 시설에서 자란 무네쓰구 씨는 3살 때 무네쓰구라는 성을 쓰는 양부모 집에 입양되었습니다. 도박을 즐기던 양아버지는 조선소에서 버는 일당의 대부분을 도박에 쏟아부었다고 합니다.

전기와 수도 모두 나오지 않는 생활이 몇 년씩이나 이어졌고, 월세도 내지 못해 몇 번이고 아파트에서 쫓겨나는 생활을 겪었습니다. 만 원짜리 지폐는 본 적도 없었고, 최고의 반찬은 마른 멸치였다는 무네쓰구 씨를 처음 만났을 때, 자신이 원조 초식남이라는 말을 하기에 그 이유를 물었더니 웃으면서 '길가의 잡초를 뜯어 먹으며 자랐기 때문'이라고 대답하더군요.

이러한 원체험이 있었기 때문에 '돈은 필요로 하는 사람을 위해 쓴다'는 철학을 갖게 된 것이겠죠. 무네쓰구 씨가 돈 때문에 힘든 상황이 아닌데도 이찌방야의 주식을 매각한 것은 '보다 많은 기부를 하고 싶었기 때문'이었습니다.

무네쓰구 씨는 돈에 경어를 붙여 부릅니다. 1,000원이나 100,000원 같은 돈의 단위에도 '님'을 붙인다거나 '계산'이나 '급여', '지갑' 같은 돈과 관련된 단어는 높임말을 붙여 사용합니다. 무네쓰구 씨가 경어를 사용하는 것은 돈의 소중함에 대한 깨달음이 몸에 배어 있기 때문인 동시에 진심으로 돈에 감사하고 있기 때문일 것입니다.

가난했기 때문에 '돈의 소중함'을 안다

앞에서도 말했다시피, 저도 도쿄에 올라온 후 얼마 동안은 놀라우리만치 궁핍한 생활을 했습니다. 전문학교의 학비도 스스로 직접 벌었으며, 미용사가 된 당시부터 세미나나 강연회에도 자비로 참가했었기 때문에 당연히 돈이 부족할 수밖에 없었습니다. 결국 닥치는 대로 돈을 빌린 탓에 스물세 살의 나이에 진 빚이 무려 5,000만 원이었습니다. 사흘을 굶은 때도 있었습니다. 전기, 가스는 끊겨버렸고 끝내는 최종 방어선인 수도까지 끊기면서, 담배를 피우고 싶을 때는 떨어진 담배꽁초들을 주워 모았습니다. 급기야 교통비도 없어서 세미나 회장에서 집까지 터벅터벅 걸어 돌아온 적도 몇 번이나 있었습니다. 3시간 이상의 거리를 말입니다. 배가 고프다는 생각, 비참하다는 생각, 분하다는 생각도 들었습니다. 하지만 가난했기 때문에 비로소 '돈의 소중함', '돈 쓰는 법', '돈을 잃는 것에 대한 두려움'을 뼈저리게 느낄 수 있었습니다.

저는 젊은 사장들에게 '단기간 가난을 체험해볼 것'을 권하는 경우가 있습니다. 가난한 환경과 유사하게 만들어 자신을 막다른 상황으로 몰아넣는 것입니다. 예를 들어, 한 달이라는 한정된 기간 동안 평소 생활비의 1/4로 지내보면, 돈에 대한 사고가 달라지고 돈을 '존경'할 수 있게 됩니다. 돈에 경어를 쓸 수 있게 되는 것입니다.

추악한 것은 돈 그 자체가 아닙니다. 돈을 모을 대로 모아두고서 꽁꽁 안고만 있으려는 '사람의 마음'이 추악한 거죠.

무네쓰구 씨가 막대한 자산을 보유했으면서도 시기의 대상이 되지 않는 것은 '돈을 자신을 위해서가 아닌, 세상과 타인을 위해 쓰고 있기 때문'입니다. 자신의 장래만이 아닌, 많은 사람의 장래로 이어질 수 있도록 많은 돈을 벌고 그만큼 많이 쓰는 것. 이것이 연봉 10억을 넘어서기 위해 필요한 힌트입니다.

memo momo

돈 없는 설움을 알면 생기는 이득

1. 돈의 소중함을 알게 된다.
2. 돈 쓰는 법, 돈을 잃는 것에 대한 두려움을 알게 된다.
3. 돈은 타인을 위해 쓰는 것이라는 사실을 알게 된다.

HABIT 4.
배움의 습관

습관 24

'2등급 위의 사람'이 권하면 무조건 따른다

사람이 성장하기 위해서는 끊임없이 노력해야 하고, 배움을 게을리 하지 않아야 하며, 매일같이 자신을 단련해야 합니다. 하지만 그런 한편으로 '아무리 열심히 해도, 본인의 힘만으로는 성장할 수 없을 때'가 있는 것도 사실입니다. 혼자서 할 수 있는 일에는 한계가 있습니다. 때문에 '자신보다 등급이 높은 사람의 도움'을 얻지 못하면 상위 스테이지로 올라갈 수가 없습니다.

그렇다면 어떻게 해야 '등급이 높은 사람의 도움'을 얻을 수 있을까요?

저의 경우, 저보다 1등급 위의 사람보다도 더 높은 등급에 있는 사람, 즉 '2등급 위의 사람'과의 인연을 소중히 한 결과 1등급 위에 있는 직속 상사로부터 기회를 얻어낼 수 있었습니다.

'1등급 위의 사람'이란 '자신이 존경하는 사람'이자, 자신과 직접적인 이해관계(주종 관계)에 있는 사람입니다(직장 상사, 사장 등).

'2등급 위의 사람'이란 '자신이 존경하는 사람이 존경하는 사람'입니다. 2등급 위의 사람과는 꼭 이해관계나 주종 관계에 있다고 할 수 없습니다(상사의 상사, 사장의 은사, 거래처의 경영인 등 본인이 먼저 접하기 힘든 사람).

저는 2등급 위의 사람의 권유는 절대로 거절하지 않습니다. 도중에 먼저 자리를 뜨는 법도 없습니다. 니가타로 출장을 갔다가 도쿄에 있는 2등급 위의 사람에게 걸려온 전화를 받고 3시간 후 곧장 달려간 적도 있습니다. 2등급 위의 사람의 권유는 드물뿐더러 한번 거절해버리면 두 번 다시 권유를 받지 못할 가능성이 있기 때문입니다.

2등급 위의 사람이 먼저 말을 건넨다는 것은 자신에게 무언가 '흥미'나 '기대'를 가지고 있기 때문입니다. 그 흥미나 기대에 부응하지 않는 것은 '성장할 기회를 걷어차는 것'과 마찬가지입니다.

2등급 위의 사람에게 권유를 받았을 때 저의 대답은 무조건 '예', 'YES', '기꺼이 하겠습니다'입니다(웃음).

초일류의 사람은 '올곧고 반응이 빠르며 행동력 있는 사람'을 응원한다

어느 날, 제가 존경하는 사람이 존경하는 화장품 회사의 마쓰다 사장(가명)(저보다 2등급 위의 사람)이 저를 식사 자리에 초대한 적이 있었습니다.

그런데 마쓰다 사장과는 한 번밖에 만난 적이 없었기 때문에 왜 저를 초대한 것인지 그 이유를 알 수 없었습니다.

마쓰다 사장에게 그 이유를 물어보니, '성장에 대한 의욕을 느꼈기 때문'이라고 했습니다.

"이전에 만났을 때 수첩에 '10년 계획'을 붙여놓고 있던 것으로 기억하네. 자신의 인생을 어떻게 만들고 싶은지 생각하면서 목표를 가지고 살아가는 사람에게는 비전이 있지. 게다가 야마시타 군은 내가 그때 조언한 것을 바로 실천하고 있다고 들었네."

이전에 딱 한 번 마쓰다 사장과 만났을 때, 저는 마쓰다 사장에게 '몸가짐'에 대한 조언을 받았었습니다.

"미용사는 외관도 중요한 법이니 눈 밑의 다크서클과 그 옷차림은 어떻게 하는 편이 좋을 것 같군그래. 일단은 '월요일부터 일요일까지' 입을 괜찮은 정장을 1주일분(7세트) 사서 번갈아 입어보는 것이 어떤가?"

저는 다음 날 바로 1주일분의 정장을 한꺼번에 구입했습니다. 그리고 마쓰다 사장을 소개해주신 분이 제가 마쓰다 사장의 조언대로 정장을 마련하여 입고 다닌다고 말했던 모양입니다. 즉 마쓰다 사장이 본 것은 저의 실력이나 실적이 아닙니다. '성장에 대한 의욕이 있느냐 없느냐' 하는 부분입니다.

마쓰다 사장은 곧바로 정장을 마련한 제가 '성장 의욕이 있다'고 평가한 것입니다. 그 후에도 저는 마쓰다 사장의 권유에는 두말없이

'YES'로 대답합니다. 그리고 '2등급 위'인 마쓰다 사장의 조언을 실천한 결과, '1등급 위'에 있던 상사로부터 많은 일을 일임받을 수 있게 되었습니다. 상사는 '마쓰다 사장에게 높은 평가를 받는 야마시타라면 마음 놓고 일을 맡길 수 있다'라고 생각했을 것입니다.

'상위 등급의 사람' 눈에 들 방법은 '권유를 거절하지 않는 것'입니다. 그리고 조언을 받았다면 '초특급으로 즉각 실천하는 것'입니다.

'올곧고 반응이 빠르며 행동력 있는 사람'이 된다면 '상위 등급의 사람'에게 조언을 얻을 수 있을 것이고, 이는 상위 스테이지로 올라가는 지지대를 마련해주는 계기가 될 것입니다.

memo memo

나보다 1등급 위의 사람은 '존경하는 사람', 2등급 위의 사람은 '존경하는 사람이 존경하는 사람', 2등급 위의 사람에게 조언을 얻으면 1등급 위의 사람에게 신뢰를 얻을 수 있다.

습관 25
'매달 3권'의 책을 읽으면 현재의 문제가 해결된다

인간의 몸은 섭취한 음식으로 이루어져 있습니다. 따라서 당연히 건강상 안전한 식사를 하는 것이 몸에 좋을 수밖에 없습니다. 그래서 저는 패스트푸드를 줄이는 등 최대한 식사에 주의하고 있습니다. 예를 들어, 해외여행 중에는 다양한 음식을 먹어 살이 찌니 여행하기 전에는 2주일간 하루에 삶은 달걀 3개만 섭취하며 지내는 경우도 있을 정도입니다.

또 인간의 뇌(사고)는 입력된 정보와 지식으로 이루어져 있습니다. 그렇기 때문에 '질 높은 정보'를 접하는 것이 좋습니다. 그래서 저는 바쁜 와중에도 꾸준히 '매달 3권 이상의 책'을 읽으려고 노력합니다.

책 안에는 업무의 벽을 깨뜨릴 수 있는 많은 힌트가 담겨있습니다. 어스 긴자점의 점장이었던 당시에는 업무를 하면서 벽에 부딪힐 때마다 서점에 들러, 마치 저자에게 상담하듯 책을 읽고 문제를 해결해왔습니다.

입사 2개월 차에 점장으로 발탁된 저는 신입인데도 거만했습니다. 고참 직원을 대할 때도 아랫사람을 대하듯 불손한 태도를 보였습니다. '점장=높은 사람'이라는 착각을 하고 있었던 것입니다.

하지만 내심 직원들과의 거리감을 항상 신경 썼고, '매장 직원들 모두가 나를 점장으로 인정하지 않는다'는 사실을 깨달았습니다.

어떻게 하면 직원들이 따라줄 것인가. 답은 서점에서 발견한 책 안에 있었습니다. 책의 제목은 잊어버렸으나, 그 책에는 대략 다음과 같은 말이 적혀있었습니다.

> 직위나 역할에 차이가 있더라도 사람과 사람은 평등하다. 그렇기 때문에 상대가 어리다고 하더라도 경어를 써 대해야 한다.
> 언어 습관은 전염되기 때문에 리더의 언어 습관이 바뀐다면 부하의 언어 습관도 달라진다. 그러니까 당신이 본보기가 되어야 한다.

저는 곧바로 어색함을 참으며 후배들에게 '존칭'을 사용해 부르도록 했고, 말투에도 변화를 주었습니다.

존칭을 사용하기 시작한 지 3일간은 후배들도 '점장의 태도가 갑

자기 바뀐 것이 도리어 무섭다. 혹시 다른 속내가 있는 것은 아닌가' 하고 수상쩍게 생각을 했던 것 같지만, 3주가 지나자 저의 언어 습관은 전염이 되기 시작했고 직원들 모두가 존댓말을 사용하게 되었습니다.

책에는 '내일부터 당장 실천할 수 있는 해결책'이 적혀 있다

저는 관련 분야의 책을 최소 3권 이상 읽으려 노력하고 있습니다. 한두 권의 독서로는 편중된 의견밖에 얻을 수 없습니다. 그 분야에 관련된 책을 '최소 3권' 읽으면, 지식의 폭과 깊이를 넓힐 수가 있습니다.

특히 역사서나 (창업자 및 경영인의)자서전을 추천합니다. 제가 역사서와 자서전을 좋아하는 이유는 책을 통해서 지금은 없는 위인이나 입장과 신분이 다른 사람들을 만날 수 있기 때문입니다.

예를 들어, 후쿠자와 유키치福沢諭吉. 1834-1901, 일본 메이지 시대의 계몽사상가-옮긴이에게 직접 조언을 받을 수 없을지는 몰라도 후쿠자와 유키치가 쓴 저서를 읽는다면 그를 통해서 후쿠자와 유키치와 대화할 수가 있습니다.

역사서의 페이지를 넘기다 보면, 오다 노부나가, 도요토미 히데요시, 도쿠가와 이에야스 같은 역사적 인물의 사고를 간접 체험할 수도 있습니다. 책은 시공간을 뛰어넘어 이야기를 듣고 싶은 사람에게 이야기를 들려줄 수 있는 존재입니다. 책을 다 읽고 나면 항상 저는 그 인물이 되어볼 수 있었습니다.

저는 독서야말로 '지식, 경험, 교양을 가장 효율적으로 얻을 수 있는 수단 중 하나'라고 생각합니다. 그 이유는 책에는 '내일부터 당장 실천할 수 있는 해결책'이 적혀있기 때문입니다.

　사람들의 근심거리는 대부분 인류의 첫 근심거리가 아닙니다. 대부분은 이미 누군가가 고민했던 것이고 그 후 해결이 된 것들입니다. 그렇다면 '자신과 똑같은 근심을 극복한 사람의 책' 안에는 해결책이 적혀있을 것이 분명합니다.
　책에 상담을 하면 고민 시간을 줄일 수 있고 그만큼 해결 시간을 확보할 수가 있습니다.
　'정답'을 끌어낼 수 있는 빠른 방법이 바로 '독서'입니다.

memo memo

책을 읽으면 생기는 이득

1. 책 속에는 업무상의 문제를 해결할 수 있는 힌트가 들어있다.

2. 책 속에는 내일부터 당장 실천할 수 있는 해결책이 담겨있다.

3. 지식, 경험, 교양을 가장 효율적으로 얻을 수 있는 수단이다.

습관 26

'연봉 2억'의 벽을 깨는 딱 한 가지 사고방식

제가 연봉 2억 원을 넘어섰을 때의 일입니다. 그때까지는 '10년 계획'에 따라 순조롭게 연봉을 높여가고 있었지만, 점점 그 속도는 떨어졌고 결국 정체된 적도 있었습니다.

한계에 다다른 현 상황을 탈피하고자 연봉 10억 원을 버는 음식점 경영인인 마스다 사장(가명)의 말씀을 들은 적이 있습니다. 마스다 사장은 제가 처한 상황에 대해 듣고는 다음과 같은 조언을 했습니다.

> 야마시타 씨에게 부족한 것은 '나눔'입니다. '자신을 위해서만' 노력하면 연봉 2억 원 언저리가 한계입니다. '타인을 위해' 노력해야 연봉 10억 원을 넘어설 수 있습니다. 일례로, 혼자서 식사를 하는 것보다 10명이 함께 식사하는 것

이 즐겁지 않습니까? 혼자서 맛있는 음식을 먹는 것보다, 10명과 함께 맛있는 음식을 먹고 싶다고 생각하면 자연스레 지금보다 더 돈을 많이 벌어야겠다는 생각이 들지 않겠습니까? 99

그 당시 저는 '자신'만 생각하고 있었습니다. 하지만 마스다 사장은 '자신의 주변에 있는 사람들에게도 기쁨을 주고 싶다'고 생각했고, 그 생각을 일의 원동력으로 삼고 있었던 것입니다. 마스다 사장의 가르침에 따라, 다음 날부터 바로 '주변 사람들에게 환원하자'라는 굳건한 의식을 가지게 되면서 제 연봉은 다시 상승 곡선을 그려갔습니다. 그리고 3년 후인 서른한 살에 바라고 바랐던 연봉 10억 원을 달성했습니다.

연봉 10억 원을 유지하기 위해서는
연봉 1억 원의 조력자를 10명 만들어야 한다

하지만 불과 2년 후에 제 연봉은 다시 5억 원까지 떨어지고 말았습니다. 연봉 10억 원을 유지하는 것의 어려움을 되새기게 되었고, 저는 다시 마스다 사장을 찾아갔습니다.

그리고 마스다 사장이 지적한 것은 '조력자가 없다'라는 것이었습니다.

"일단 연봉 10억을 넘어서기 위해서는, 타인을 위해 노력해야 합니다. 그다음으로 연봉 10억을 계속 유지하기 위해서는 조력자를 만드는 것이 중요합니다. 구체적으로 말하면, 연봉 1억의 조력자를 사내 외 불문하고 10명은 만들어야 합니다."

연봉 1억 원의 조력자를 '찾는 것'이 아닙니다. '만드는 것'입니다.
혼자서만 버는 것이 아니라, 주변 사람들도 함께 버는 것. 주변 사람들의 연봉이 올라갈 수 있도록 협조하면 그들도 자신에게 협조하기 시작하며, 결과적으로 자신의 연봉도 지속해서 10억 이상을 유지할 수 있게 된다는 이론입니다.

미용실의 경우, 점장의 연봉을 올리는 데 필요한 조건은 매장의 매출을 올리는 것입니다. 저는 그를 위해서 점장에게 조언합니다. 그리고 점장이 연봉 1억 원을 받을 수 있을 정도로 매장의 매출이 올라가면 자연스레 오너인 저의 연봉도 올라가게 됩니다.

그 후 저는 다시 마스다 사장의 조언을 바로 실행에 옮겼고, 머지않아 저의 연봉은 10억 원으로 회복되었습니다. 그 뒤에도 주위에 연봉 1억 원의 조력자가 10명 있을 때는 연봉 10억 원이라는 선을 지킬 수 있었습니다. 자신의 힘에만 의지하지 않고, 주변 사람들의 힘을 빌려 성장해나가는 것. 그러면 연봉은 안정됩니다.

'자신만 생각하는 사람'은 자만심으로 인해 실패한다

음식 업계에서 활약하는 닛타 사장(가명)은 분점을 통해 11명의 경영인을 배출했습니다. 이 11명은 모두 '연봉 2억 원' 이상을 벌고 있으나, 11명 중 8명은 독립을 하자마자 '연봉이 2억 원에서 그쳤다'고 합니다(개중에는 연봉이 떨어진 사람도 있습니다). 한편 남은 3명은 독립 후에도 계속 성장하여 연봉을 높였습니다. '성장이 멈춘 8명'과 '성장을 지속하는 3명'의 차이는 어디에 있는 것일까요. 닛타 사장은 '성장이 멈춘 것은 자신만 만족했기 때문'이라고 말합니다.

"이 8명은 경영자가 된 순간 노력을 게을리하고, 기본을 망각했으며, 뚝심을 잃고, 다른 사람들의 이야기를 듣지 않게 되었습니다. 즉, '자만'에 빠진 것입니다."

자만하게 되는 것은 자신만 생각하는 마음 때문입니다. 자신만 생각할 경우, 스스로 만족하는 순간에 성장할 이유가 사라져버립니다. 그러면 업무 외에 다른 일에 관심이 쏠리게 되는 법입니다.

하지만 남은 3명은 경영자가 된 후에도 거만하게 굴지 않고 초심을 유지하며 노력을 게을리하지 않았습니다.

노력을 계속할 수 있는 것은, '내 주변에 있는 사람'을 목표 대상으로 삼고 있기 때문입니다.

그 3명은 '주변 사람과 함께 행복해지고 싶다', '주변 사람이 성장할 수 있도록 돕고 싶다'는 베푸는 자세를 갖고 있었습니다. 그래서 '혼자만을 위한 노력'에 그치지 않고 다른 사람을 위해 2배, 3배 더 노력할 수 있었던 것입니다.

이시이 류지는 조금도 흔들리지 않는 뚝심을 평가받아, 입사 2년 차에 FC(프랜차이즈) 오너로 독립했습니다. 입사 2년 차의 독립은 어스에서도 가장 빠른 독립입니다. 그런데 그는 오너가 된 후 달라지기 시작했습니다. 모든 일을 자신의 기준으로만 판단하게 되었고, 사무 일을 지나치게 우선시해 최우선으로 해야 할 현장에는 얼굴도 비추지 않았으며, 직원들에게는 상당히 혹독한 지시를 내리는 등 무리하게 팀을 이끌었습니다. 그는 '24시간 한숨도 자지 않고 아침, 점심, 저녁, 새벽 할 것 없이 광고지를 계속해서 배포한' 전설이 있을 정도로 자신에게 엄격했지만 그런 한편으로 자신의 방식을 다른 사람에게 강요하는 일면도 있었던 것입니다.

그때 저는 가장 큰 적자로 허덕이는 매장을 그에게 맡겨보기로 했습니다. '적자 매장을 재건'하는 경험을 통해 처음의 뚝심을 되찾기를 바라는 마음이었습니다.

결과적으로 그는 완전히 부활했습니다. '자신의 뒷모습을 보여주지 않는 한 부하는 성장하지 못한다'는 점을 깨달으면서, 경영인에게 있어 굉장히 중요한 '뚝심'을 되찾았기 때문입니다.

그 후, 그는 '문제가 있는 매장'을 맡으면 모두가 꺼리는 일을 전부 떠안고, 빠짐없이 우량 매장으로 재건시켰습니다. 그는 '어스의 최고 기준'을 고스란히 계승한 인물입니다. 모든 점에서 진실하여 주변사람들의 신뢰가 두텁고. 직원들의 성장을 위해서라면 불 속에라도 뛰어들 수 있는 자세를 지녔기 때문에 부하직원들이 잘 따릅니다. 지금 이시이는 10개 매장의 FC 오너가 되어 연매출 100억, 페라리 430 스파이더를 끌며, 항상 스스로 최전선에서 지속적인 쾌조를 보이고 있습니다.

나만의 목적과 목표를 가진 사람은 부러지기 쉽고 불안정하며 무너지기 쉽습니다. 하지만 '타인(주변에 있는 사람들과 소중한 사람)'

을 위한다는 발상을 더하면 흔들리지 않는 기반이 완성됩니다. 그리고 끊임없이 노력할 수 있게 되는 것입니다.

타인을 짊어지고 있는 사람은 자신이 무너지는 순간 타인도 함께 쓰러진다는 사실을 알고 있습니다. 그렇기 때문에 웬만한 일로는 주저앉지 않습니다. 예를 들어, '300만 원의 월급 중 매달 50만 원씩 본가의 연로하신 어머니께 생활비를 보낸다'는 목표를 세웠다면, 그리 쉽게 물러날 수 없을 것입니다.

목적과 목표를 세울 때는 '자신+타인(주변에 있는 사람들과 소중한 사람)'을 생각할 것. '조력자'와 함께 이익을 거둔다는 발상을 가진다면, 일도, 이익도 모두 안정될 것입니다.

---

memo memo

연봉 2억 원의 벽을 깨는 방법

"나만을 위해 일하는 것이 아니라 내 주변 사람, 내 주변의 소중한 사람들을 위해 돈을 번다고 생각할 것."

습관 27

연봉 10억을 목표로 한다면 경영자가 돼라

저는 직업을 4가지 카테고리로 분류하고 있습니다.

1. 사업가(비즈니스 오너, 기업가, 권리 소유자)
2. 투자가(사업 투자가)
3. 노동자(샐러리맨)
4. 자영업자(개인 사업자, 세무사, 기술자, 스포츠 선수, 전문가)

그리고 이 중에서 연봉 10억 원의 가능성이 가장 높은 것은 '사업가'라고 생각합니다.

《일본의 부자 연구》의 공저자이자 교토대 명예교수인 다치바나키 도시아키 씨는 2001년에 국세청이 발표한 '고액 납세자 명부'를 분석했습니다. 그 결과, '연간 납세액이 3억 이상(소득은 대략 10

억 상당)'인 사람의 비율은 1위. 기업 경영인(사장, 최고 경영 책임자)(31.7%), 2위. 의사(15.4%), 3위. 경영 간부(사장 외)(11.6%), 4위. 연예인, 스포츠 선수(2.2%), 5위. 변호사(0.4%), 기타(토지 소유자 등 38.7%)인 것을 알 수 있었다고 합니다. 조사는 2001년에 행해진 것으로 조금 오래된 결과이지만, 저는 현재도 그 순위는 크게 다르지 않을 것으로 생각합니다. 세상의 구조라는 것은 그렇게 간단하게 바뀌지 않기 때문입니다. 그렇다면 왜 사업가가 연봉 10억에 가장 가까운 직업일까요? 저는 그 이유를 다음과 같이 보고 있습니다.

전문적인 능력이 필요하지 않다.
연예인, 스포츠 선수, 의사, 변호사 등과는 달리 전문적인 능력이 필요하지 않습니다.

혼자 움직이는 것이 아니라 타인이 함께 움직여준다.
자신의 비전문 분야는 그 분야에 전문적인 사람의 힘을 서슴없이 빌릴 수가 있습니다.

자신의 모든 시간을 일에 투자할 수 있다.
경영인의 특권은 노동기준법이 적용되지 않는다는 점입니다(노동기준법은 노동자를 보호하는 법). 그래서 자신의 시간을 일단 일에 투자할 수가 있습니다.

성공할 확률이 높다.

중소기업청이 발행하는 《중소기업백서》(2016년)에 따르면, '사업을 시작한 후 10년이 지나면 약 30%의 기업이 퇴출'된다고 하지만, 관점을 달리하면 '약 70%의 기업이 생존하고 있다'고 할 수 있습니다.

경영인은 10번 하면 1번 성공하기 때문에 성공률이 높다

연매출 500억 원 기업의 카리스마 경영인이었던 와타나베 사장(가명)은, 어느 날 100억 원이라는 부채를 떠안고 갑작스러운 파산을 맞았습니다. 제 주변에서 이런 사건이 발생한 것은 처음이었기 때문에 저도 꽤 큰 충격을 받았습니다. 하지만 그 뒤에 더 큰 충격이 찾아왔습니다. 바로, 와타나베 사장이 '다시 0부터 시작하면 된다'는 말을 의연하게 내뱉은 것입니다.

평범한 사람이었던 제게 파산은 인생의 종말이나 마찬가지였습니다. 즉, 그것은 '사회적인 죽음의 선고'였습니다. 하지만 와타나베 사장에게는 '원점 복귀'에 지나지 않았습니다.

"지금이 전국 시대도 아니고, 요즘 일본에서 파산했다고 누가 목숨을 잃기라도 하나. 실패는 돈을 주고 사서라도 겪어봐야 경험치가 올라가는 법이다. 하기야, 이번에는 빚까지 생겨버렸으니 그 대가가 조금은 비싸겠지만 말이야."

그리고 마지막으로 와타나베 사장은 한마디를 더 내뱉었습니다. "경영인이라는 카테고리에서는, 10번 하면 1번 성공한다. 100번에 1번이나, 1,000번에 1번이 아니다. 딱 10번에 1번이면 된다. 그렇게 치면 경영자의 성공률은 꽤 높은 편이다."라고 말이죠. 그 후, 와타나베 사장은 완전히 부활했습니다. 빚도 다 갚고 난 후 연매출 1,200억 원의 회사를 경영하고 있습니다.

저는 '경영인이 샐러리맨보다 우수하다'는 말을 하고 싶은 것이 아닙니다. 저보다 뛰어난 샐러리맨은 무수히 많습니다. 하지만 뛰어난 그들이 연봉 1억 원을 달성하지 못했다면, 기업이라는 구조 안에서 충분히 재능을 살리지 못하고 있기 때문은 아닐까요? 10번 했을 때 1번은 잘된다고 한다면, 더는 '사업이 리스크가 높다'라고는 말할 수 없습니다. 1등 당첨 확률이 1/1,000만인 복권을 사기 위해 줄을 서는 것보다, 성공 확률은 훨씬 높다고 생각합니다.

memo memo

경영자가 되면 생기는 이득

1. 전문적인 능력이 필요하지 않다.
2. 혼자 움직이는 것이 아니라 '타인'이 함께 움직여준다.
3. 자신의 모든 시간을 '일'에 투자할 수 있다.
4. 성공할 확률이 높다.

습관 28

돈 잘 버는 사람은
'경청'과 '칭찬'이 가능한 사람

연봉 10억 원 이상의 클라이언트를 50명 이상 보유하고 있는 카리스마 파이낸셜 플래너 에가미 오사무 씨가 '계약을 따는 보험 영업 사원과, 계약을 따지 못하는 보험 영업 사원의 차이'를 알려준 적이 있습니다. 계약을 따지 못하는 영업 사원은 대부분 '자신이 팔고 싶은 보험(자신이 잘 알고 있는 보험)'만 팔고 끝나지만, 많은 계약을 따내는 영업 사원은 고객의 소리를 '경청'합니다. 고객의 이야기를 귀 기울여 듣고, 고객에게 도움이 되는 보험(고객의 문제를 해결할 수 있는 보험)을 제안하는 것입니다. 가끔은 보험에 관한 대화는 거의 하지 않고, 잡담으로 끝나는 경우도 있다고 합니다.

미용실도 생명보험과 같습니다. 스타일리스트 1명당 매출은 평균

1,000만 원(월)입니다. 하지만 그중에는 500만 원의 매출만 올리는 스타일리스트가 있는 반면 5,000만 원 이상의 매출을 올리는 스타일리스트도 있습니다. 이 둘의 차이는 '상담'의 방식에 있습니다. 매출이 나오지 않는 스타일리스트는 기술(커트, 헤어 염색, 펌)의 폭이 좁기 때문에 '자신이 잘하는 헤어스타일'을 고객에게 강권합니다. 반대로 매출이 잘 나오는 스타일리스트는 '헤어스타일은 결정하셨나요?', '고민하는 부분은 없으신가요?'라고 물으며 고객의 소리를 들으려고 애씁니다.

예를 들어, 머리카락 끝에 생기가 없는 고객에게 미용사가 먼저 '머리카락이 상했다'라고 지적을 하면 고객의 기분을 상하게 할 수 있습니다.

하지만 구태여 지적을 하지 않고 '고민하는 부분은 없으신가요?'라는 말을 꺼내 고객으로부터 '사실은 머리카락이 상해서요'라는 대답을 끌어냈다면, 그것에 맞게 커트를 함으로써 시술 후의 만족도를 높일 수 있습니다. 고객이 먼저 꺼낸 고민이기 때문입니다.

우리 회사에는 '서핑 합숙', '스노보드 합숙', '야구부', '바비큐'라는 이름의 '회의'가 있습니다(웃음). 회의를 좋아하는 직원은 극소수입니다. 하지만 서핑이나 스노보드라면 앞장서서 참석하려고 합니다. '야구를 할 수 있다'라는 이유로 어스에 입사한 직원도 있습니다(웃음).

'회의를 한다'고 하면 직원들은 좋아하지 않습니다. 그렇다면 직원들이 '좋아하는' 것을 '입구'로 삼아 회의를 하는 편이 참석 의욕을 높일 수 있습니다.

또한 저와 갓 입사한 직원의 경우에는 업무 내용, 연령, 커리어 모두 큰 차이가 있기 때문에 서로의 이견을 조율하기가 어렵습니다. 하지만 서핑이나 스노보드 같은 '취미'를 입구로 삼는다면 상하 관계가 아닌, 후배들과도 '수평적 관계'를 만들 수 있기 때문에 커뮤니케이션이 원활해집니다.

'3번 이상 칭찬'하면 돈 잘 버는 사람이 될 수 있다

그리고 매출이 좋은 미용사는 상대(혹은 상대가 좋아하는 것)를 자주 칭찬합니다. 접객 중에 '3번'은 꼭 칭찬합니다.

누군가를 칭찬할 때 그 내용은 물론, 횟수 또한 매우 중요합니다. 그 이유는 '1번'의 칭찬은 '아부'라고 의심을 사거나, 진심을 오해할 수 있기 때문입니다.

진심으로 칭찬한다는 것을 알리기 위해서는 '3번' 칭찬하는 것이 좋습니다. 어스 가나야마 점(나고야)의 이전 리뉴얼 방침이 결정되고, 부동산 물건을 찾던 때 역 앞의 후보 물건에 15개사가 경쟁한 적이 있습니다.

물건의 소유주를 처음 보자마자 '이 건물을 마치 자식처럼 소중히 여기고 있다'는 것을 한눈에 알 수 있었습니다. 벽돌로 쌓은 세련된 외관 디자인은 애정 없이는 만들 수 없으니까요.

"이 건물은 주인 분께서 직접 디자인하신 건가요? 굉장히 멋진 건물이군요!"

"놀라울 만큼 센스가 느껴지는 건물입니다!"

"건물의 서양식 디자인이 척 보자마자 바로 눈길을 끄는군요!"

라고 제가 건물에 대해서 열심히 '3번 이상'을 칭찬하자, 소유주는 "잘 아시는군요. 저는 과거 시카고에서 공부했습니다. 그래서 왠지 이 건물이 제 자식 같아요. 자식을 칭찬하는데 기뻐하지 않을 부모는 없지요."라는 말과 함께 썩 좋은 기분으로 우리와 계약을 맺었습니다.

저는 조회를 할 때 직원들에게 짝이 되어 서로 1분씩 번갈아 상대를 칭찬하도록 지시할 때가 있습니다. '칭찬 훈련'을 하면 '상대가 좋아하는 것'을 쉽게 찾아낼 수 있게 되기 때문입니다.

돈을 잘 벌지 못하는 사람은 자신이 좋아하는 일을 상대에게 강요합니다. 그리고 돈을 잘 버는 사람은 '도움이 될 만한 일이 없을까?'라는 경청의 자세로 상대가 좋아하는 것에 자신을 맞추려고 합니다. 즉, 돈을 잘 버는 사람은 '경청'과 '칭찬'을 할 줄 아는 사람입니다.

memo memo

경청과 칭찬을 하면 생기는 이득

1. 고객이 원하는 바를 잘 듣고 그것의 해결책을 제시하면 곧 매출로 이어진다.
2. 칭찬을 3번 이상 하면 자신의 진심을 알릴 수 있고, 그럼으로써 상대가 좋아하는 것을 쉽게 찾아낼 수 있다.

습관 29

'소원'을 '다짐'으로 바꾸면
180도 행동이 달라진다

연매출 2,000억 원, 연봉 40억 원을 버는 가와구치 사장(가명)과 나고야에서 함께 일했을 때입니다.

차로 아쓰다 신궁 앞을 지나는데, 가와구치 사장이 "저 신궁이 오다 노부나가織田信長, 1534-1582, 일본 전국 시대의 무장-옮긴이의 그 아쓰다 신궁인가?"라고 물어봐서 저는 "네. 노부나가가 '오케하자마 전투桶狭間の戦い, 일본 센고쿠 시대인 1560년에 오와리국의 오다 노부나가와 스루가국의 이마가와 요시모토가 벌인 전투-옮긴이'를 치르기 전에 필승을 기원했던 곳입니다."라고 대답했습니다.

"오, 그렇다면 기를 받을 수 있는 곳이겠군. 잠깐 얼굴 비추고 가도록 하지."라고 가와구치 사장이 흥미를 보여서, 차를 그길로 180도 유턴해 참배하고 가기로 되었습니다. 참배한 후 저는 '연봉 40억 원의 사장'은 어떤 소원을 비는지 궁금하여 조심스럽게 "가와구치 사장님은 어떤 소원을 비셨습니까?" 하고 물었습니다.

그러자 뜻밖에도 가와구치 사장은 '아무 소원도 빌지 않았다'고 말하는 것이었습니다.

> 야마시타 군. 잘 들어보게. 신사에서 소원을 빌어선 안 되네. 소원이 아니라 '다짐'을 해야 하지. 가령 야마시타 군이 신이라고 가정해보게. 눈앞에 '일방적으로 소원만 비는 사람'과 '반드시 ○○○을 하겠다고 다짐을 하는 사람'이 있다면, 누구를 응원해줄 것 같나? 후자이지 않겠나? 노부나가도 분명 '이기게 해달라'고 소원을 빈 것이 아닐 거라 난 생각하네. '반드시 승리해서 이마가와 군대를 물리치겠다!'는 다짐을 하지 않았을까.

가와구치 사장은 제게 '신사는 소원을 비는 장소가 아니라, 다짐을 하는 장소'라고 알려준 것입니다.

교육 비즈니스 분야에서 연봉 30억 원을 버는 야스다 다다시 사장은 ㈜판네이션즈 컨설팅 그룹의 대표이사이자 와세다 대학 글로벌 에듀케이션 센터의 초빙 교수도 겸임하고 있는 대단하신 분입니다. 그리고 이 야스다 사장도 '다짐하는 사람'입니다.

야스다 사장은 제가 설날 같은 명절에도 쉬지 않고 일만 한다는 사실을 알고는 '추석과 설날에는 꼭 쉬어야 한다'는 조언을 해주었습니다.

쉬어야 하는 이유는 '성묘를 하기 위해서'였습니다.

"조상님이 있기 때문에 자기 자신도 있는 것이니, 성묘를 빠뜨려서는 안 되네. 나도 매년 설날과 추석에는 꼭 고향에 돌아가 성묘를 드린다네. 조상님께 감사하고 조상님 앞에서 '다음에 다시 이곳에 오기 전까지 ○○○를 하겠다'고 다짐을 하지. 그러면 조상님 앞에서 거짓말을 할 수는 없으니, 다짐을 이루도록 필사적으로 노력하게 되어 있네."

야스다 사장에게 있어 성묘는 조상님에 대한 존경이자, '자신의 결의'를 전하는 의식이었던 것입니다.

'소원'을 '다짐'으로 바꾸면 행동이 달라진다

오노미치 자유대학의 교장이자 《일본의 신들과 잘 지내는 방법》의 저자인 나카무라 마코토 씨는 '하느님, 제발 합격하게 해주세요' 하는 것은 저 급할 때 하느님 찾기, '꼭 합격하고 싶습니다. 열심히 하겠습니다. 하느님, 지켜봐 주세요'라고 하는 것은 '다짐'이라고 말하고 있습니다.

저도 같은 의견입니다. '소원'과 '다짐'이 추구하는 결과는 같지만, '소원'을 '다짐'으로 바꾸면 한순간 '본인의 행동이 달라질 것'입니다.

'소원'은 타력他力에 의지하는 것입니다. 하지만 '다짐'은 '자력自力으로 할 수 있는 데까지 해보겠다', '목적 달성을 위해 열심히 노력하겠다'는 절실한 '약속'이 전제로 깔려 있습니다.

따라서 '소원'보다 '다짐'이 압도적으로 결과에 더 가까워질 수 있는 것입니다.

'다짐'을 하는 상대는 신이나 조상님만 있는 것이 아닙니다. 상사나 선배, 거래처와 관련한 다짐도 효과가 있습니다.
'이 일을 제가 할 수 있게 해주세요'라고 소원을 비는 태도에서, '1년 안에 이 일을 해내겠습니다'라고 다짐하는 태도로 바꿔보십시오. 그렇게 하면 '행운'과 '기회'를 잡을 수 있게 될 것이고, 다른 많은 사람들을 크게 앞질러 선두로 달릴 수도 있을 것입니다.

memo memo

소원을 다짐으로 바꾸면 생기는 이득

1. 소원은 타력에 의지하는 것이고, 다짐은 자력으로 이루겠다는 자신과의 약속이므로 목표를 향한 행동이 완전히 달라진다.

2. 소원을 빌었을 때보다 다짐을 했을 때 더 많은 행운과 기회가 온다.

3. 다른 사람과의 경쟁에서 앞설 수 있게 된다.

습관 30
커뮤니케이션의 '33% 법칙'

아시아권에서 매장을 전개하고 있는 아오야마 사장(가명)은 직원 수 3,000명을 이끄는 '사람 다루는 법의 달인'입니다. 아오야마 사장의 회사에는 개성 넘치고 야성적인 간부들이 많이 재직하고 있어, 아오야마 사장은 '맹수 조련사'라고도 불립니다.

제가 아오야마 사장에게 '인재 육성의 비결'에 관해 묻자, "특별히 육성하고 있지도 않고, 오히려 방목하고 있습니다. 하하. 그 대신 사람을 뽑는 일에 신중을 기하고 있지요."라고 말해주었습니다. 아오야마 사장은 특히 '대인 관계의 균형 감각'이 뛰어난 사람을 간부로 발탁하고 있다고 합니다.

대인 관계의 균형 감각이 뛰어난 사람이란, 가족, 상사, 부하직원 이 3자를 같은 에너지로 분배(33%씩)하여 상대할 수 있는 사람을 말합니다(현재 자신에게 가장 소중한 사람에게 남은 1%를 더하면 100%가 됩니다).

더 쉽게 말하자면 가족, 상사, 부하직원 사이에 차등을 두지 않고 소중히 대하는 사람입니다. '가족에게 기대거나 상사에게 의존하는 사람, 부하직원을 함부로 다루는 사람은 주위 사람들로 하여금 신경 쓰이게 만들고 협조성이 부족한 경향을 보인다'고 아오야마 사장은 말합니다.

일과 가족 어느 하나를 더 우선하는 것이 아니라 모두 똑같이 소중하게 대하는 것. 상사의 눈치를 보고, 부하직원에게는 오만한 태도를 취하는 것이 아니라, 모두에게 똑같이 협력을 얻을 수 있는 것. 그것이 가능할 때 많은 사람으로부터 신뢰받는다는 것이 아오야마 사장의 지론입니다.

저의 20대 시절에는 이 '33%의 균형 감각'이 잡혀있지 않았습니다. 24시간 365일, 머릿속은 일로만 가득했고 가족은 0%였습니다. 일에 100%를 사용하고, 가족에게는 남는 시간을 사용하자는 생각이었습니다. 그 결과, 친척 모두와 직원들에게까지 신경을 쓰게 만들고 말았습니다.

20대 시절, 처음에 부하직원들이 저를 따르지 않았던 것은 저의 대인 관계 밸런스가 무너진 것도 하나의 원인이라고 생각합니다.

그리고 아오야마 사장은 '상대와의 거리감'도 '33%'의 분배로 의식하고 있었습니다.

아오야마 사장은 '친밀도 상태가 100%라고 했을 때 커뮤니케이션의 적절한 거리감은 약 33%'라는 생각을 하고 있습니다. 예를 들어, 상사와 부하의 거리가 지나치게 가까워지면 상사는 부하에게 일을 몰아붙이게 되고, 부하직원은 상사에게 의존하게 됩니다. 친밀도가 지나치게 높아지면 상대의 기분을 헤아리지 않게 되는 것입니다.

반대로 거리가 너무 멀어지면 상사는 부하직원에게 거리감을 느끼게 되고 부하직원은 상사를 무서워하게 됩니다. 서로 좋은 관계를 구축하고 싶다면, 너무 붙지도 않고 떨어지지도 않은, 가깝지도 않고 멀지도 않은 상대와의 일정한 거리감을 유지하는 것이 중요하다는 점을 아오야마 사장에게 배웠습니다.

사람들 앞에서는 '꿈' '숫자(실적)' '웃음'을 33%의 비율로 이야기한다

이전에 제가 의장을 맡았던 워크숍에 160개 이상의 음식점 매장을 경영하는 이토 사장(가명)을 초청한 적이 있습니다. 이토 사장도 인간관계를 '33%'의 밸런스로 생각하는 경영인입니다.

워크숍이 끝난 뒤 워크숍에 대한 감상을 여쭤보니 이토 사장의 입에선 다음과 같은 지적이 가장 먼저 나왔습니다. "야마시타 씨의 이야기에 쓸데없는 말은 없습니다. 하지만 쓸데없는 말이 없다는 것이 꼭 좋은 것만은 아닙니다."

저는 잡담도 섞지 않고, 웃지도 않는 얼굴로, '이렇게 하면 된다는 결론'만 전달하고 있었습니다. 당연히 아무런 파동과 변화, 희로애락이 없기 때문에 듣는 사람은 숨이 막혔을 것입니다.

이토 사장은 '33%의 밸런스를 의식해 이야기하는 것이 어떻겠느냐'고 조언해주었습니다.

이야기의 내용은 '꿈 33%, 숫자(실적) 33%, 웃음(잡담 등) 33%'의 비율로 구성할 것. 자신이 일방적으로 이야기를 전달하는 것이 아니라 '자신이 말하는 시간 33%, 참석자들이 말하는 시간 33%, 여흥 시간 33%'의 비율로 배분할 것. 그렇게 하면 참석자들의 듣는 자세가 달라진다는 것이었습니다. 저는 곧바로 다음 워크숍에서 180도 전달 방식을 바꿔 '33%의 밸런스'를 사용하기로 했습니다. 회의 중에 성대모사나 개인기를 한다거나, 노래방을 좋아하는 직원에게는 노래를 한 곡 부르게 한다거나 하는 시간을 가졌습니다.

그리고 지금은 워크숍을 기대하는 참석자들이 늘었습니다. '다음에도 참석하고 싶다, 또 이야기를 듣고 싶다, 이번 이야기를 누군가에게 소개하고 싶다'고 생각하게 된 것입니다.

소통하는 데 있어 중요한 것은 '균형 감각'입니다. 균형 감각이 잘 잡혀있는 사람은 인간적인 매력도 커서 이유 없이 미움받는 일이 없습니다. '33%'를 의식해 커뮤니케이션하면, 인간관계에서 벽에 부딪히는 일은 없을 것입니다.

memo memo

33%의 균형 감각

1. 가족, 상사, 부하직원 각 33%,
   그리고 남은 1%는 현재 이들 가운데 가장
   소중한 누군가에게.

2. 커뮤니케이션은 꿈과 숫자(실적),
   웃음을 각 33%씩 균등 배분하여.

HABIT 5.
인생의 습관

습관 31
'양보할 수 있는 9'는 내버려두고, '양보할 수 없는 1'을 잡아라

> 양보해도 되는 '9'의 파도는 다른 사람에게 양보하고, 양보해선 안 되는 '1'의 파도에 올라타라.

이 말은 서핑 경력 54년의 일본을 대표하는 레전드 서퍼 가와이 미키오 씨가 직접 해준 말입니다. 가와이 씨와 함께 치바 현 가모가와에서 서핑을 했을 때의 일입니다.

가와이 씨는 파도를 기다리는 시간이 굉장히 길고, 피크가 뚜렷한 파도(좋은 파도)가 와도 타려고 하지 않았습니다. 90% 이상의 파도를 다른 서퍼들에게 양보해 주변 서퍼들이 서핑을 즐길 수 있도록 했습니다.

가와이 씨 정도의 실력자가 왜 '좋은 파도'에 타지 않는 것인지 의아하다는 생각이 들어 그 이유를 묻자 다음과 같은 대답이 돌아왔습니다.

> 좋은 파도일수록 쉽게 탈 수 있기 때문에 실력이 늘지 않습니다. 그래서 다른 사람들에게 양보해도 괜찮은 겁니다. 하지만 빠른 파도나 가파른 파도(어려운 파도)는 양보해선 안 됩니다. 어려운 파도는 자신을 성장시켜주니까요.

가와이 씨는 '성장의 가능성'으로 파도를 판단했고, '10%의 어려운 파도(성장할 수 있는 파도)'를 타기 위해 '90%의 쉬운 파도(성장할 수 없는 파도)'를 양보하고 있었던 것입니다.

가와이 씨가 자신에게 중요한 '10%의 파도'를 탈 수 있었던 것은 '90%의 파도'를 양보했기 때문입니다.

아마 주변 서퍼들은 암묵적으로 '어려운 파도가 왔을 땐 가와이 씨에게 양보하자. 항상 가와이 씨가 우리에게 좋은 파도를 양보해주고 있으니, 가와이 씨가 라이딩을 할 땐 방해가 되지 않도록 주의하자'고 생각했을 것입니다.

양보해선 안 되는 '1'을 잡고, 남은 '9'를 양보하면 일은 잘 풀린다

'양보해선 안 되는 1을 잡고, 그 이외의 9를 다른 사람에게 양보

한다.'

이 발상은 '일'에서도 완전히 일맥상통합니다.

10개 전부를 밀어붙이려고 하면 반감을 사 결과적으로 1개도 인정받지 못한 채 모두 실패로 끝나게 됩니다.

하지만 '9를 양보하는 겸손함'이 있으면 '가장 중요한 1'을 손에 넣을 수 있습니다. 그리고 '가장 중요한 1'을 손에 꼭 쥐고 있으면, 부차적으로 남은 '9'도 함께 손에 들어오게 됩니다.

FC(프랜차이즈) 오너가 된 지 얼마 안 됐을 때 저에게 절대로 양보해선 안 되는 1은 광고지 배포였습니다. 광고지 배포는 고객 유치와 직결되는 생명선이기 때문입니다.

직원들의 인사, 몸가짐, 기술에도 불만은 있었지만 이들 9에 대해서는 꾹 참고 묵인하기로 했습니다. 그 대신 광고지 배포라는 1에 철저히 집중했습니다. '어쨌든 딱 한 가지, 광고지 배포만큼은 전력을 다하겠다!'는 생각이었습니다. 그 결과, 매장 전체의 고객 수는 순조롭게 증가하였습니다.

고객 수가 증가하면서 자연스레 직원들의 경험치도 올라갔습니다. 커트를 하는 횟수가 늘면서 실력이 쌓였고, 인사를 하는 횟수가 늘면서 미소를 잃지 않았으며, 접객 횟수가 늘면서 몸가짐을 의식하게 되었습니다.

결과적으로 제가 주의를 주려 했지만 눈을 딱 감고 포기했던 9의 부분까지 개선된 것입니다.

자신의 주장이 관철되기 쉬운 환경을 만들기 위해서는 '절대 양보해선 안 되는 핵심 1'을 무슨 일이 있어도 필사적으로 지켜야 합니다.

주장하고 싶은 것이 10가지라면, 그 10가지의 '우선순위'를 매겨 보십시오. 그리고 '절대 양보해선 안 되는 주장 1가지'만 남기고 나머지 9가지는 다른 사람에게 흔쾌히 양보하는 것도 때로는 중요합니다.

그러면 '절대 양보해선 안 되는 1'이 손에 들어올 것이며, 결과적으로 나머지 9도 함께 손에 넣을 수 있게 될 것입니다.

memo memo

9를 양보하고 1을 양보하지 않았을 때 생기는 이득

1. 자신을 성장시켜준다.
2. 9를 양보하면 절대 양보할 수 없는 1은 저절로 손안에 들어온다.
3. 절대 양보할 수 없는 1을 하다 보면 9도 저절로 손안에 들어온다.

습관 32
'3가지 약속', 도망치지 않는다, 변명하지 않는다, 남 탓하지 않는다

언젠가, 직원들 사이에서 푸념, 악담, 불평이 만연했던 적이 있습니다. 직원실(별도 공간)에서 '저 자식 정말 짜증 나는군', '이제 더는 못 해먹겠다', '일하기 싫다', '언제 그만둘까' 같은 부정적인 목소리들이 흘러나오기 시작한 것입니다.

그 이유를 몰랐던 저는 호리구치 사장(가명)에게 상담을 요청했습니다. 호리구치 사장은 창업 1대에 연매출 2,000억 원을 달성한 초일류 경영인입니다.

그러자 호리구치 사장은 '열정이 전염되는 것처럼, 사념(邪念)도 전염되기 마련'이라고 말해주었습니다. '무기력하고 불평만 늘어놓는 사람이 곁에 있으면 주변 또한 침울해지고 의욕을 잃게 된다. 부정적인 사념을 퍼뜨리는 직원(푸념, 악담, 불평만 늘어놓는 직원)에게 전염

되어 주변 직원들까지도 불평을 늘어놓게 된다'는 것이었습니다.

푸념, 악담, 불평을 없애기 위해서는 '사념의 뿌리를 잘라내는 것' 밖에는 없습니다. 그렇다면 당시 직원들의 사념의 뿌리는 무엇이었을까요. 효리구치 씨장의 답은 생상히 의외였습니다.

❝ 사념의 뿌리는 가장 높은 곳에 있는 야마시타 씨 자신일지도 모릅니다. 사장 스스로가 직원들 앞에서 푸념, 악담, 불평을 늘어놓았기 때문에 전염된 것이 아닐까요? ❞

사내에 만연했던 사념의 발신지는 뜻밖에도 바로 '저 자신'이었던 것입니다.

'도망치지 않는다', '변명하지 않는다', '남 탓 하지 않는다'를 매일 소리 내어 말한다

그 당시 저에게는 도저히 용서하기 힘든 사람이 있었습니다. '언젠가 철저히 복수하고 싶다'는 생각을 할 만큼 적대시하던 사람이었습니다.

그리고 저는 회사의 직원들 앞에서 "실은 예전에 이런 사람 때문에 터무니없는 일을 당한 적이 있었지. 회사를 키워서 언젠가 그 자식 회사를 완전히 밟아주겠어."라는 말을 몇 번씩이나 반복하며 부정적인 사념을 전파했던 것입니다.

직원 중 한 명은 그런 제 불평을 들을 때마다, '우리는 사장님의 복수를 위해서 일하고 있는 것이 아니다'라고 생각해 불편함을 느꼈다고 합니다.

사내에 '마이너스 감정'의 사슬을 만들어낸 것은 사장인 저 자신의 '원한과 괴로움'이었습니다. 저는 그때의 일을 반성하며 '3가지 약속'을 정했습니다.

1. 도망치지 않는다.
2. 변명하지 않는다.
3. 남 탓 하지 않는다.

그리고 다음 날부터 조회 때 직원들에게 '도망치지 않는다, 변명하지 않는다, 남 탓 하지 않는다'를 복창하게 함과 동시에 곧장 직원실에도 이 표어를 크게 써 붙여놓고 '악담을 하는 것도 듣는 것도 금지'시켰습니다(단, 예외적으로 '선배'에게 직접 회사의 불만을 이야기하는 것은 허용했습니다. 그것은 회사를 개선하기 위한 '의견'이나 '제안'이라고 정의했기 때문입니다).

그렇게 3주가 지나자 푸념, 악담, 불평은 줄어들었고, 3개월 후에는 부정적인 사념을 갖고 있던 일부 직원(다른 사람 악담하기를 좋아하는 직원)들은 자연스레 회사를 그만두게 되었습니다. 악담을 들어주는 사람과 악담할 수 있는 장소가 사라져 마음의 울화를 풀기 힘들었기 때문이었겠죠. 그리고 벽에 표어를 붙인 지 1년 후에는 열정적인 직원들이 늘어났고, 그 열정이 전염되면서 '매장의 매출도 2배'로 뛰었습니다.

또 재미있게도 '3가지 약속'을 내세운 후부터는 아파서 결근하는 직원도 줄어들었습니다. 사념이 열정으로 바뀌면서 기분 또한 긍정적으로 바뀌어 몸도 건강해진 것일 테시요. 말 그대로 '병은 마음먹기에 달린 것'입니다.

누구든 화가 날 때는 있습니다. 나와 맞지 않는 상대도 있기 마련입니다. 하지만, 어떠한 과거도 부정해서는 안 됩니다. 어떠한 사람이라도 비판해서는 안 됩니다.

용서하기 힘든 사람이 있다면, '그 사람의 존재 때문에 바로 지금의 내가 있는 것'이라고 받아들이고 감사할 것. 모든 것을 성장의 거름으로 삼아야 합니다.

만약 마음속에 사념이 떠오른다면 '도망치지 않는다, 변명하지 않는다, 남 탓 하지 않는다'를 소리 내어 말해보시기 바랍니다. 그러면 몸과 마음이 건강해지면서 일에도 힘을 쏟을 수 있을 것이고, 자연스럽게 매출(실적) 또한 올라갈 것입니다.

memo memo

도망, 변명, 남 탓 하지 않으면 생기는 이득

1. 부정적인 감정이 사라지고

    긍정적인 마음이 생겨난다.

2. 긍정적인 마음이 생겨나면

    그것은 다른 사람에게도 전파된다.

3. 긍정적인 마음은 몸도 건강하게 만든다.

4. 몸과 마음이 건강하면 실적도 올라간다.

습관 33
배우자 고르기의 3가지 포인트

미국의 억만장자에 대해 조사한 《어떻게 이 사람은 부자가 되었을까?》(토마스 J. 스탠리 저)라는 책에 재미있는 데이터가 실려있습니다.

바로 억만장자의 92%가 기혼자라는 데이터입니다. 확실히 제가 아는 연봉 10억 이상의 사람들도 현재 결혼을 한 사람이 대부분입니다. 저 역시 스물세 살에 결혼을 했는데, 결혼하고 나서는 안정감을 찾았고 일에도 전념할 수 있게 되었습니다. 그리고 직원이나 직원의 가족에게도 저의 사회적 신용도가 높아졌다고 생각합니다.

어느 대기업 외식 체인점을 운영하는 시미즈 사장(가명)은 분점(같은 상호의 매장 출점을 허용하는 것)의 조건으로 '부부가 매장 경영에 함께 참여할 것'을 내걸고 있습니다. '부부가 힘을 합치지 않으면 사업은 성공할 수 없다'고 생각했기 때문입니다.

'부인이 이인자 겸 비서의 역할을 하며, 남편을 전면적으로 뒷받침해주지 않으면 경영은 성공할 수 없다'는 것이 시미즈 사장의 생각입니다.

그리고 시미즈 사장은 본사의 직원을 임원으로 승진시키기 전에 해당 직원뿐만이 아니라 그 직원의 배우자(부인)도 함께 식사에 초대한다고 합니다. 배우자를 동석시키는 이유는 '부인의 얼굴에는 남편(직원)의 진심이 쓰여있기 때문'이라는 거죠.

그리고 시미즈 사장은 이렇게 말했습니다.

> 직원들은 제 앞에서 본심을 말하지 않습니다. 하지만 집에서는 마음 편히 회사나 상사의 험담을 하고 있을지도 모르지요. 부인의 표정을 보면 집에서 남편이 어떤 말들을 하는지 대체로 짐작할 수 있습니다. 부인은 그 자리에서 감정을 끝까지 숨길 수가 없습니다. 그래서 부인도 함께 자리에 초대하는 것입니다.

시미즈 사장에게 "어떤 사람을 배우자로 삼아야 성공 확률이 올라갑니까?"라고 묻자, 1. 남편에게 의존하지 않는 여성, 2. 낭비하지 않는 여성, 3. 남편의 성공을 가정의 성공이라고 생각하는 여성이라는 답이 돌아왔습니다(사업을 하는 여성도 같은 관점으로 남성을 선택합니다).

배우자는 최고의 협력자입니다. 자신과 일 중에 무엇이 더 중요하냐고 묻는 의존도가 높은 사람을 파트너로 선택하게 되면, 일에 시간과 노력을 기울일 수가 없습니다.

연봉 10억은 배우자 고르기로 50%가 결정된다

자화자찬이라고 우습게 들릴지도 모르겠지만 저의 아내는 이 3가지에 완벽하게 해당하는 여성이라고 생각합니다.

결혼 15주년을 맞이했을 때(39세)의 일입니다. '결혼하고 나서 한 번도 기념일을 챙긴 적이 없었으니 일을 빨리 마치고 하코네로 1박 여행을 떠나자'고 이야기가 되었습니다.

그런데 기념일 당일 막 지하철에 타려는 찰나 매장의 직원에게서 전화가 걸려왔습니다. 문제가 발생했다는 연락이었습니다.

제가 아내에게 '1시간 안에 다시 돌아올 테니, 잠시만 기다려달라'고 말하자 아내는 즉시 '직원들이 있기 때문에 우리가 있는 것이니, 여행은 취소해요. 직원들이 난처한 상황일 때 당신이 달려가는 것은 당연한 일이에요'라고 대답하며 저를 매장으로 보냈습니다. 퇴근하고 집에 갔을 땐 여행이 무산된 것에 대한 아쉬움은 전혀 표현하지 않은 채, 문제가 해결되어 다행이라는 말로 저를 격려해주었습니다.

또 이런 일도 있었습니다. 입사하고 15년간, 정말로 하루도 빠짐없이 쉬지 않고 일을 해온 제가 다섯 식구와 함께 하와이로 여행 갈 계획을 세운 적이 있습니다.

그런데 여행 3일 전, 회사 차원의 중대사가 결정되는 바람에 여행을 취소할 수밖에 없는 상황이 발생했습니다. 출발 직전이었기 때문에 취소 수수료도 1,000만 원 이상이나 되었습니다. 그런데도 제 아내는 웃으며 '일이 우선이니까 신경 쓰지 말라'는 말뿐이었습니다. 게다가 '여행을 계획해준 것만으로도 아주 기뻐요. 정말 고마워요'라며 저를 치켜세워주었죠. 아내에게는 진심으로 고맙다는 말밖에는 할 수가 없었습니다.

연봉 10억 원 이상을 벌고 싶다면, 일에 전력투구할 수 있도록 도와주는 배우자를 선택해야 합니다. '비즈니스의 성공은 배우자 고르기로 50%가 결정'됩니다. 제가 연봉 10억 원을 넘을 수 있었던 것은 '지금의 아내와 결혼했기 때문'이라고 자신 있게 말할 수 있습니다.

사랑이라는 감정은 결혼의 최소 조건이며, 그 이상으로 일과 가정을 꾸려가는 것에 보람을 갖고 이해할 수 있는 상대를 고르는 것이 중요합니다.

memo memo

배우자를 얻으면 생기는 이득

1. 안정감을 느끼게 되어 일에 전념할 수 있다.

2. 직원이나 직원 가족에게 사회적 신용도를 높일 수 있다.

습관 34

'역할 행동'을 위해서라면 7대의 경비행기라도 전세 낸다

저는 '맨얼굴로는 경영할 수 없다. 맨얼굴로는 리더를 맡을 수 없다'고 생각하고 있습니다. '연기' 없이 일에만 매달려서는 크게 발전할 수 없습니다.

저는 본래 내성적인 성격이라 침착하기는 하지만 말수가 적은 사람이었습니다. 집에 들어가서는 말 한마디 하지 않은 적도 있습니다. 하지만 내성적인 자신을 뛰어넘지 않으면 현재에서 벗어날 수 없다는 생각으로, 마치 연기자처럼 '경영인'과 '리더'의 역할 행동을 수행하기 위해 노력해왔습니다.

역할 행동의 모델이 되는 것은 '최고 기준을 가진 사람', '가장 높은 실적을 내는 사람'입니다. 성공에 도달할 수 있는 지름길은 '성공한 사람을 흉내 내는 것'입니다. 초일류가 되고 싶다면, 초일류인 사람처럼 행동하는 것. 설령 힘에 부칠 때가 있더라도 성공한 사람의 흉내를 내다 보면 어느새 '당연시되는 기준'이 올라갑니다. 그래서 저는 자신의 말과 행동을 '무작정 최고 기준'에 맞추려고 하고 있습니다.

경영인으로서 처음 매장을 연 곳은 유명 살롱이 줄지어 늘어서 있는, 패션과 관련해 최고의 기준이 되는 장소, 무려 '긴자'였습니다. 최고 기준을 맞추기 위해 출근도 무조건 첫차를 탔습니다.

처음 서핑을 한 곳은 파도가 최고인 하와이였고, 처음 스노보드를 탄 곳 역시 스키의 최고 기준이 되는 홋카이도의 니세코 정상이었습니다.

사회인이 되고 처음 야구를 하게 되었을 때, 연습 장소로 고른 곳은 야구하기 가장 좋은 괌 캠프였고, 첫 시합 상대는 일본 최고의 명문구단인 요미우리 자이언츠의 과거 소속 선수(사다오카 쇼지 씨와 시노즈카 가즈노리 씨)도 뛰고 있는 강력 팀에, 구장은 야구의 성지로 불리는 진구 구장이었습니다.

인생에서 처음으로 구입한 차도 승용차의 최고 기준인 페라리입니다. 물론 서핑, 스노보드, 야구 모두 사내 동호회의 활동이며, 페라리를 타는 것 역시 '역할 행동'의 일환이지 단순한 취미가 아닙니다.

저 자신의 행동이 '일류 경영인'으로 보이도록 연출하고 있는 것입니다. 초일류인 사람들의 영상을 참고해 일거수일투족을 따라 해보는 경우도 있습니다.

거울 앞에서 표정을 만들어보거나, 제 강연회의 비디오를 다시 보는가 하면 테이프 리코더에 녹음해 되풀이해 들으면서 '일류 경영인'에 걸맞은 모습인지 체크하고 있습니다. 혼자 있는 순간에도 '항상 내 뒤에 카메라가 돌아가고 있다', '항상 누군가 지켜보고 있다'는 생각으로 저 자신을 엄격히 통제하고 있습니다.

그리고 '언어 습관'도 관리하고 있습니다. 언어는 감정에 영향을 미치고, 행동의 방아쇠가 됩니다. 따라서 최대한 세련된 말투를 사용하도록 노력합니다. 이렇듯 역할 행동을 꾸준히 하며 계속 연기를 하다 보니 어느새 뇌가 착각하기 시작하여 모든 면에서 최고의 기준들을 저의 당연한 기준으로 여기게 되었습니다. 당연한 행동의 수준이 높아진 것이죠. 그리고 이에 따라 성격도, 표정과 언어 습관도 모두 리더에 걸맞게 변하기 시작했습니다.

이렇게 '뇌가 착각을 일으키게 되는 것'이 '무작정 최고 기준에 따르는 것'의 위력입니다.

이인자의 면모를 보여주기 위해 7대의 경비행기를 전세 내다

지금으로부터 15~16년 전쯤, 제가 '이인자'의 역할 행동에 힘을 쏟고 있던 시기가 있었습니다.

사이판으로 직원 단체 여행을 갔을 때의 일입니다. 저는 25명의 직원들과 함께 사이판 섬에서 배로 한 시간 정도 거리에 있는 티니안 섬을 향했습니다. 카지노에 가기 위해서였습니다. '어스의 카지노 왕'이라고 불렸던 저는 그 이름에 걸맞은 결과를 냈고, 룰렛에서 무려 3,500만 원이라는 대승을 거뒀습니다.

그 당시 저는 '도박으로 번 돈을 나 혼자 가지면 행운이 달아난다'고 생각했기 때문에, 전액을 부하직원들에게 위로금으로 주자고 생각했습니다. 그리고 그 돈으로 다 함께 티니안 섬의 리조트 호텔에 숙박할 예정이었는데 그날 저녁 사이판 섬에 있는 고쿠분 사장에게서 전화가 걸려왔습니다. 우리가 티니안 섬에 있는 줄 모르고 술이나 한잔 하자는 것이었습니다. 만약 제가 지금 티니안 섬에 있어서 참석하기가 힘들 것 같다고 사정을 설명했다면 고쿠분 사장은 "그렇군. 그럼 티니안 섬에서 좋은 밤 보내고 오게나." 하고 말해줬을 것입니다. 하지만 저는 그 사실을 밝히지 않고, 바로 가겠다고 대답했습니다. '2등급 위'인 사람의 권유에는 무조건 '네' 혹은 'YES'라고 대답하는 게 저의 신조였기 때문입니다. 하지만 이미 사이판 섬으로 가는 마지막 배편은 끊긴 상태여서 갈 수가 없었습니다.

초조해진 저는 '상어가 사는 바다를 헤엄쳐서라도 건너갈까' 하고 진지하게 생각했을 정도였습니다. 그러다가 호텔 안내원에게 사정을 설명하자 그는 '딱 한 가지 사이판으로 돌아갈 방법이 있다'고 알려주었습니다. 그 방법은 '경비행기를 전세 내는 것'이었습니다. 직원 전부를 경비행기에 태우려면, 총비용 1천만 원 이상이 예상되는 4인승 경비행기를 7대 전세 내야 했습니다. 하지만 저는 망설이지 않고 경비행기를 타기로 그 자리에서 결정했습니다.

7대의 경비행기가 나는 모습은 마치 공군의 편대 비행 같았습니다. 그렇게 가까스로 사이판 섬으로 돌아가 서둘러 고쿠분 사장의 방으로 향했지만, 이미 많은 직원이 비좁게 앉아있어 들어갈 수가 없었습니다. 이를 본 고쿠분 사장은 "이거 어쩌지? 방이 만원이라 야마시타 군 방에서 한잔하고 있지 그래."라고 하는 것이 아니겠습니까. 결국 저희는 불과 1분 만에 방을 나와야 했습니다. (티니안 섬에 있었다는 사실은 고쿠분 사장에게 마지막까지 알리지 않았습니다.)

'지금은 티니안 섬에 있어서 갈 수 없다고 사장님께 말씀드리는 것이 좋지 않을까요?', '경비행기를 전세 내서까지 사장님과 술을 마셔야 할 필요가 있습니까?'라고 의문스러워하는 부하직원도 있었습니다. 하지만 제게 '술자리에 참석하지 않는다'는 선택지는 없었습니다. 그 이유는 '어떤 상황에서도 최고 책임자의 방침에 따른다'는 것이 이인자의 역할이기 때문입니다. 부하에게 '이인자의 면모'를 보여 준다는 의미에서도 꼭 돌아가야 할 필요가 있었던 것입니다.

비록 1분 만에 해산되고 말았지만 당황하지도, 머뭇거리지도 않고 아무 일 없었던 것처럼 행동하는 저를 보고, 부하직원들 역시 최고 책임자의 결정을 충실히 따르고 곧장 실행으로 옮기는 '이인자 본연의 모습'을 느꼈을 것으로 생각합니다. 그날 이후 저의 지시를 겸허히 받아들이고 실행하는 부하직원들이 늘어난 것을 보면 제 판단이 옳았다고 생각합니다. '무엇이 옳은지를 보는 것이 아니라, 무엇이 중요한지를 보는 것입니다.'

목표 대상을 스스로 정하고, 그 사람의 기준을 그대로 받아들이는 것. 그 사람과 똑같이 생각하고 똑같이 행동하는 것. '사람은 외면보다 내면', '외면만 갈고 닦아서는 안 된다'는 말도 있지만, 내면을 중시하고자 한다면 더욱이 '역할'을 연기하고 언행에 변화를 줘야 한다고 저는 생각합니다.

'맨얼굴'로 있는 한 현재의 자신을 넘어설 수 없습니다.

---

memo memo

연봉 10억을 벌기 위한 지름길

1. 연봉 10억을 버는 사람들을 따라 한다.
2. 무작정 최고 기준을 따른다.
3. 외면의 역할 연기가 내면을
   성장시키기도 한다.

습관 35

'99℃'와 '100℃', 이 1도의 차이가 인생을 바꾼다

'열심히'라는 말도, '진심'이라는 말도 모두 매사에 진지하게 임하는 자세를 나타내고 있습니다. 하지만 저는 '진심'이라는 말이 '열심히'보다 한 등급 위의 개념이라고 생각하고 있습니다.

'진심'은 '열심히'보다 강한 '각오'가 필요하다는 생각이 듭니다.

'열심히' 노력하면 '그런대로' 성공을 손에 넣을 수는 있습니다. 하지만 '진심'으로 임하지 않으면 그 이상의 성공은 손에 넣을 수가 없습니다.

그럼 어떻게 하면 '진심'을 다할 수 있는 것일까요? '열심히'와 '진심'의 차이는 '각오의 방식'에 있습니다.

'진심'을 다하기 위한 하나의 방법으로는 작심하고 각오를 다져,

과감히 '퇴로를 끊는 것'입니다.

　인간은 자신에게 관대하기 때문에 도망갈 길이나 피난처가 있으면 좀처럼 '진심'을 다하기가 어려운 법입니다.

　인간의 행복이란 1. 건강 2. 시간 3. 돈 4. 양호한 인간관계, 이 네 가지를 손에 넣는 것이라고 저는 생각하고 있습니다. 그러나 인생은 '한쪽이 안정되면, 다른 한쪽이 불안정해지는' 트레이드오프의 연속입니다. 무언가를 포기하지 않으면 다른 무언가를 얻을 수가 없는 것입니다. 그래서 저는 이 4가지를 진심으로 손에 넣기 위해 '철저히 버린다'는 선택지를 선택했습니다.

　젊을 때는 가지고 있는 것이 '시간'밖에 없었기 때문에 '시간'을 포기할 수밖에 없었습니다. 일단, 19세 때는 TV를 버렸습니다. TV를 보는 시간을 포기하고 일을 하자고 마음을 먹은 것입니다. 그래서 저는 20년 이상 제대로 TV를 본 적이 없습니다. 연예인의 대부분도 알지 못합니다.

　언젠가 어떤 파티에서 만난 남성과 잠시 대화를 나누다가 "그런데 어떤 일을 하고 계십니까?" 하고 물어본 적이 있었는데, 알고 보니 유명한 크레이지 켄 밴드의 요코야마 켄 씨였던 적도 있었습니다(웃음).

　그리고 '건강'을 손에 넣기 위해 그렇게 좋아했던 디저트와 패스트푸드도, 인스턴트라면도 끊었습니다. 19세 때부터 거의 입에도 대지 않고 있습니다.

하는 수 없이 '친구'와 만나는 시간도 포기했습니다. 인간관계를 바꾸지 않으면 일의 성과도 달라지지 않을 것으로 생각했기 때문입니다. 친구의 결혼식에 초대를 받았을 때도, 동창회에 초대를 받았을 때도, 일이 너무 바빠 참석한 적이 한 번도 없습니다.

'정장'도 7세트(1주일분) 외에는 모두 버렸습니다. 월요일부터 일요일까지 요일별로 입는 옷을 대략 정해둔 후 습관적으로 번갈아 입고 있습니다.

그리고 마지막으로 '보이는 모습, 프라이드, 자존심'을 버리고 1등급 위, 2등급 위의 사람으로부터 받은 가르침을 착실히 실천해왔습니다.

저는 '의지가 약하다'는 사실을 스스로 잘 알고 있었기 때문에 철저히 '버린다'는 선택을 통해서 하고 싶어도 할 수 없게끔 퇴로를 끊은 것입니다.

'TV를 보지 말자'고 생각했어도 TV가 있으면, 자신도 모르게 TV 전원을 눌러버립니다. 그러니 보고 싶어도 볼 수 없게 물리적으로 버린 것입니다.

'압도적인 진심'이란 퇴로를 끊는 것

도내에서 수십여 개의 음식점 매장을 경영하는 호시노 사장(가명)은 '진심'을 발휘할 수 있는 경영인입니다. 이전에 제가 자주 쇼핑을 하던 브랜드숍에 호시노 사장을 모시고 간 적이 있습니다. 호시노 사장은 전시된 가죽 재킷과 바지, 셔츠 세트를 마음에 들어 했으나 안타깝게도 사이즈가 맞지 않았습니다.

체구가 컸던 호시노 사장의 사이즈는 XL 사이즈였지만 재고는 S 사이즈만 남아있었던 것입니다. 그래도 입어나 보려 했지만 소매조차 들어가지 않았습니다.

하지만 호시노 사장은 이 세트를 아무런 망설임 없이 구입했습니다. 한정품이었기 때문에 무려 500만 원이나 하는 고가의 옷이었습니다.

500만 원이나 지불하고 사이즈가 맞지 않는 옷을 산 셈입니다.

그런데 지금 이 옷이 어떻게 되었는지 아십니까?

호시노 사장은 멋지게 이 옷을 소화하고 있습니다. 호시노 사장은 이 옷을 입기 위해서 반년 동안 '진심을 다해 20kg 다이어트'에 성공한 것입니다.

호시노 사장은 이전부터 '다이어트를 하자'는 생각은 가지고 있었습니다.

그리고 이때 '사이즈가 맞지 않는 옷'을 500만 원을 내고 구입을 결정했습니다. 다이어트에 성공하지 못하면 이 500만 원이 낭비가 되게끔 말입니다.

호시노 사장은 다이어트에 성공한 후 옷을 사는 것이 아니라, 먼저 500만 원을 지불해 '퇴로를 끊고' 도망칠 길을 막은 것입니다.

이것이 '진심'을 다하는 방법입니다. 이 '압도적인 진심'을 다해야 비로소 '압도적인 결과'를 낼 수가 있는 것입니다.

'99℃'와 '100℃'는 완전히 다른 세계

99℃의 물도, 100℃의 물도 똑같이 뜨겁습니다.

하지만 이 1℃의 차이는 어마어마하게 큽니다. 99℃와 100℃는 완전히 다른 세계입니다. 왜일까요?

99℃까지는 '액체' 상태이지만, 100℃가 되는 순간 '기체'로 변해 하늘로 날아오르기 때문입니다. 자신의 노력이 진정으로 결실을 보는 것은 100℃가 되어 하늘로 날아오른 후입니다.

'열심히 하는 것'의 한계는 99℃까지입니다. 하지만 대부분의 사람들은 98~99℃에서 포기하고 맙니다. 하지만 해가 뜨기 전이 가장 어두운 법입니다. 한 발 더, 한 번 더 힘을 내면 100℃에 도달해 하늘로 올라갈 수 있습니다.

99℃에서 100℃가 되기 위해서는, 진심의 자세로 퇴로를 끊어야 합니다. 그리고 퇴로를 끊는 하나의 수단이 바로 '철저히 버리는 것'입니다. 자, 여러분은 지금부터 '무엇'을 버리기로 결단을 내리시겠습니까?

memo memo

진심을 다하기 위해 해야 할 것

1. 퇴로 끊어버리기.

2. 한 가지를 얻으려면 한 가지를 버려야 한다.

습관 36

처음엔 '불순한 동기'여도 괜찮다.
정말 중요한 것은 '물욕'을 갖는 것

〈개운! 무엇이든 감정단〉(TV도쿄)이라는 프로그램으로 유명해진 고미술 감정가 나카지마 세이노스케 씨는 저서 《진위의 승부-감정사의 일》에서 '많은 시간 동안 많은 진짜를 보라'고 말하고 있습니다.

저는 '억만장자'의 세계도 '고미술'의 세계와 비슷하다고 생각합니다.

억만장자가 되고 싶다면 눈을 크게 뜨고 진짜 억만장자를 많이 보면 되는 것입니다. 물론 가짜 억만장자도 섞여 있을 테니 주의도 필요합니다.

저는 지금까지 100명 이상의 억만장자(연봉 10억 이상)를 봐왔지만, 그들의 인생관이나 비즈니스관에는 공통되는 한 가지 '원칙'이 있었습니다. 그것은,

> 자신의 욕구에 솔직할 것

이었습니다. 억만장자는 '욕구'를 중요하게 여깁니다. 상품이나 서비스를 만들어낼 때도 우선 '내가 원하는 것을 상품화하자!'고 생각합니다. '내가 원하는 것이니, 다른 사람들도 원할 것'이라고 해석해 행동하는 것입니다. 과학적인 마케팅 같은 것으로는 억만장자에 도달할 수 있는 열정은 절대 나오지 않습니다.

어스의 고쿠분 도시하루 사장도 욕구에 충실한 사람입니다.

봉제 공장의 직원이었던 고쿠분 사장이 미용사가 된 이유는 '가장 빨리 경영인이 될 수 있는 직업이었고, 게다가 멋있어 보였기 때문'입니다(웃음).

경영인이 된 이유는 '다른 사람에게 명령을 듣는 것이 싫었기 때문'입니다(웃음).

매장 수를 늘린 이유는 '무시당하기 싫다'는 생각 때문이었습니다(웃음).

미용사가 된 것, 경영인을 목표로 한 것은 모두 시장을 분석한 결과에 따른 건설적인 이유 때문이 아니었습니다. 오히려 맨 처음 동기는 상당히 불순하다고도 할 수 있을지 모릅니다.

하지만 저는 많은 억만장자에게서,

> 무언가를 시작할 때의 첫 동기는 불순해도 좋다!

는 점을 배웠습니다.

비즈니스의 결과가 청렴하고 정당하기만 하다면 괜찮습니다. 사회 통념상 허용되는 범위 안에만 있다면 '첫 동기는 불순'해도 괜찮습니다. 오히려 처음의 원동력이 불순하지 않으면 '불타는 열정'은 나오기 힘들지 않겠습니까?

'물욕'이 바로 연봉 10억의 원동력

야스에 유키는 제가 채용한 직원입니다. 당시 그는 20세였습니다. 그의 지원 동기는 직설적이었고 매우 당당했습니다. 미용사가 되려는 이유를 이성에게 인기 있는 사람이 되기 위해서라고 거침없이 말했으니까요(웃음). 그래서 그는 '인기를 얻기 위한 노력'을 조금도 게을리 하지 않았습니다. 한여름에도 정장을 입고, 고객에 따라서 다른 향수를 사용했습니다. 광고지를 돌릴 때는 빨리 일을 끝내지 않으면 야근을 해야 하고, 그렇게 되면 미팅 시간에 늦게 되니, 심지어 길 가는 사람에게 '광고지를 받아 주십시오!' 하며 무릎을 꿇은 적도 있었습니다(웃음).

'이성에게 인기가 있는 것'과 '고객을 확보하는 것'은 '인기가 필요하다'는 점에서 굉장히 닮았습니다. 그가 '이성에게 인기를 얻기 위해 계속해온 압도적인 노력'은 이윽고 미용실에서 고객을 상대할 때에도 발휘되었습니다. 집에서 종이접기로 종이학을 만들어와 매번 고객에게 나눠준다거나, 여행을 다녀왔을 때는 꼭 '자그마한 선물'을 사와 고객에게 선물하게 된 것입니다.

그는 이 '인기를 얻기 위한 친절=불순한 동기'를 긍정적인 효과로 전환함으로써 결국 FC(프랜차이즈) 오너가 되었고, 5개의 매장에서 연매출 50억 원 수준까지 올렸습니다. 야스에가 계속적인 쾌조를 보일 수 있었던 요인 중 하나는, 그의 '엄청난 신설'이 직원들에게 믿을 수 없을 만큼 사랑받고 있다는 것입니다. 발리 섬에서 래프팅을 할 때 그가 휴대전화를 떨어뜨려 도저히 찾을 수 없다고 포기한 상태였는데, 그것을 어떤 직원이 눈에 불을 켜고 5km 떨어진 하류에서 찾아다준 적도 있었습니다. 그리고 '직원들 모두의 장래를 위해 출점 자금을 모으려면 차를 포기해야겠다'고 결정한 야스에에게 직원들이 돈을 모아 생일선물로 페라리 자전거를 사준 적도 있었습니다.

야스에뿐만 아니라 물론 저도 처음에는 '욕구'가 원동력이었습니다.

저는 '최고의 내가 되기 위한 10가지 조건'이라는 이름의 시트를 만들어(다음 페이지 참조), 직원들로 하여금 자신의 욕구를 적어보도록 하고 있습니다. 1~5까지가 '물질적인 욕구', 6~10까지는 '정신적인 욕구'를 나타내고 있습니다(다음 페이지의 표는 당사의 에이스인 S 씨의 표).

1~5에 힘을 쏟는 것만으로, 6~10은 자연스레 달성됩니다.

특히 첫 단계에서 중요한 것이 '물질적인 욕구'입니다. 물질적인 욕구를 전면에 드러내는 것은 결코 부끄러운 일이 아닙니다. 지금은 물건이 넘쳐나 모두가 '어중간하게 만족하는 시대'입니다. 하지만 '어중간하지 않은 욕구'를 명확히 문자화함으로써 '어중간한 만족'을 단숨에 충족시켜 '연봉 10억'의 영역까지 도달할 수 있는 것입니다. 그래서 '물질적인 욕구에 뚜렷한 목표'를 갖는 것이 중요합니다. '물욕'을 억누르게 되면, '원하는 것을 손에 넣기 위해 노력하자'는 불꽃 같은 동기가 사라져버리고 맙니다.

만약 지금 막연히 하루하루를 보내고 있다면, 꼭 자신의 '물질적인 욕구'를 솔직하게 써내려가 보시기 바랍니다. 부끄럽다고 생각할 필요는 없습니다. 그 처음의 '물욕'이 결과적으로는 세상에 '놀라운 서비스와 물건'을 제공할 것이고, 여러분을 연봉 10억으로 이끌어줄 원동력이 될 것이기 때문입니다.

최고의 내가 되는 10개의 조건 (당사 에이스인 S 씨의 표)

【물질과 정신을 함께 갖춘 내가 되기】 '물질적 욕구'는 ①~⑤, '정신적 욕구'는 ⑥~⑩		
① 연봉	(예) ⇒ 1억, 3억, 5억, 8억, 10억	
	50억	
② 가족	(예) ⇒ 3명, 4명, 5명, 6명	
	5명	나, 아내, 장남, 장녀, 차남
③ 자동차, 시계, 가방	(예) ⇒ 500만 원~1억	
	5대	페라리 3대(이 중 2대는 어스 패밀리에 양도), 롤스로이스 1대, 도요타 알파드 1대
④ 집	(예) ⇒ 마당이 딸린 단독주택, 아파트, 3억~10억	
	50억	
⑤ 저금	(예) ⇒ 3억, 5억, 8억, 10억	
	50억	
⑥ 친구	(예) ⇒ 1명, 2명, 3명, 4명, 5명	
	5명	
⑦ 취미	(예) ⇒ 독서, 가드닝, 걷기, 서핑, 골프	
	일	일 ⇒ 매장 대량 전개 ⇒ 여행
⑧ 여행	(예) ⇒ 연 4회(봄, 여름, 가을, 겨울)	
	5회(연간)	
⑨ 효도	(예) ⇒ 연 1회, 함께 여행가기, 부모님 용돈 드리기	
	5억	3억(생활비 ⇒ 연간 1,000만 원×30년) 2억(본가 재건축)
⑩ 사회 공헌	(예) ⇒ 기부, 봉사 활동, 지역 청소	
	50억	50억(⑤저금액의 전액)을 어스 패밀리에 투자
50세가 되기 전까지		

memo memo

연봉 10억을 벌기 위해 해야 할 일

1. 자신의 욕구에 솔직할 것.

2. 불법만 아니라면
   불순한 동기라도 상관없다.

3. 물욕을 가질 것.

맺음말

'연봉 10억 원 이상을 버는 사람들'의 대부분은 '응원하고 싶은 사람'들에게 적극적으로 투자합니다. 연봉을 10억이나 벌고 있으면, 더 이상 자신 혼자서 벌 필요가 없습니다. 자신이 돈을 버는 것보다 '응원하고 싶은 사람'이나 '좋아하는 사람'이 돈을 벌 수 있도록 만들어주고 싶다고 생각하게 됩니다.

그렇다면 '연봉 10억 원 이상을 버는 사람'들이 생각하는 '응원하고 싶은 사람', '좋아하는 사람'은 어떤 사람일까요? 바로,

'이익이 나지 않는 일에 전력을 다할 수 있는 사람'

입니다.

A사의 간부 회의를 견학했을 때의 일입니다. 120명 정도의 간부가 모이는 석상에서, 2명의 외부 강사(B사의 사장과 여성 비서)가 강연을 했습니다.

처음 등단한 것은 B사의 사장이었습니다. 사장의 강연이 끝나자, 큰 박수갈채가 쏟아져나왔습니다.

다음으로 여성 비서가 강연을 시작했습니다. 제가 듣기에는 앞의 B사 사장보다 스피치가 훌륭했다고 생각될 만큼 강연 내용에도 깊이가 있었고, 깔끔히 정돈된 이야기였습니다.

그런데 여성 비서에게는 가벼운 박수 소리만 나왔습니다.

그때 A사 사장의 눈빛이 변했습니다. 회장을 쭉 둘러본 후,

"지금 손뼉을 치지 않은 사람은 바로 일어나십시오."라고 명령한 것입니다.

그러자 몇 명이 마지못해 자리에서 일어났고, 다시 사장이 말했습니다.

"이것밖에 안 됩니까? 더 있을 텐데요. 저는 누가 거짓말을 하고 있는지 다 봤고, 누군지 알고 있습니다. 끝까지 거짓말을 할 생각이라면, 그 사람은 이 자리를 떠나주시기 바랍니다."

강연을 해준 강사에게 감사의 마음을 담아 박수를 보내는 것은 당연한 일입니다. 그런데 '사장에게는 박수를 보내도, 자신보다 지위가 낮은 비서에게는 박수를 보내지 않았다'는 것은 일부 간부들에게 '차별하는 마음'이 있었기 때문입니다.

상대에 따라 자신의 태도를 바꾸는 사람은 신뢰할 수 없습니다. 그래서 사장은 누가 손뼉을 쳤고, 치지 않았는지 유심히 보고 있었던 것입니다.

A사의 사장이 높이 평가하고 있는 것은 '이익이 나지 않는(이익이 적은) 일', '눈앞의 작은 일'에도 힘을 쏟을 수 있는 사람입니다.

물론 손뼉을 쳐도, 안 쳐도 당장의 큰 마이너스는 없을지도 모릅니다. 하지만 '연봉 10억 원 이상을 버는 사람들'은 '당연한 일이라고 해서 소홀히 하는 사람'을 절대 응원하지 않습니다.

불과 2년 만에 경비원에서 사장이 될 수 있었던 이유는?

음식점 오너인 사토 씨(가명)도 상대의 일상적인 행동 속에서 그 사람의 본질을 파악하려고 하는 경영인입니다.

강연회를 끝낸 사토 씨와 제가 회장을 나서려 했을 때 한 명의 경비원이 눈에 들어왔습니다. 보통 경비원들은 기껏해야 '가볍게 묵례를 하는 정도'로 인사를 하는데, 그 경비원은 '수고하셨습니다!', '감사합니다!'라는 인사 한 마디 한 마디에 활력이 넘쳐나 사람의 기분을 굉장히 좋게 만들어줬기 때문입니다. 그러자 사토 씨는 성큼성큼 그 경비원에게 다가가 말을 걸더니 명함을 건넸습니다.

그리고 훗날, 사토 씨를 다시 만났을 때 저는 깜짝 놀랐습니다. 바로 그때의 경비원이 사토 씨의 비서(운전기사)를 맡고 있었기 때문입니다.

경비원은 샐러리맨입니다. 활기 넘치는 인사를 해도, 힘없이 인사를 해도 급여가 달라지지는 않습니다. 하지만 그 경비원은 '열정이 담긴 인사'를 하고 있었습니다. 사토 씨는 간단한 인사에서 그 경비원의 '자질'을 간파한 것입니다.

명함을 건네고 2년 후 이 전직 경비원은 사토 씨가 경영하는 회사 중 하나를 위임받아, 사장이 되었습니다. '이익이 나지 않는 일이 중요하다', '당연한 일이 중요하다'는 생각을 하는 사토 씨를 만나, 지지를 얻은 덕분에 경비원에서 사장으로 전향할 수 있었던 것입니다.

큰 성과를 올리기 위해서는 많은 사람의 응원과 지원이 필요합니다. 응원을 받기 위해서는 매사를 손익으로 계산하거나, 눈앞의 이익에 집착해서는 안 됩니다.

이해타산의 사고에 사로잡히면, 여성 비서에게 박수를 보내지 않았던 간부들처럼 '불성실함'과 '태만'이 생겨납니다.

한편, 응원받는 사람들은 '무엇이 중요한지, 무엇이 본질인지', '자신이 해야 할 일이 무엇이고, 다른 사람을 위해 할 수 있는 일이 무엇인지'를 항상 생각하고 있습니다. 그리고 그런 생각을 하는 사람은 무슨 일이든 성실하게 전력을 다해 맞섭니다. 그래서 많은 사람들로부터 응원을 받는 것입니다.

눈앞에 놓인 일에 진심을 다해 풀스윙을 하는 것.
사사로운 일에도 진심을 다해 전력투구하는 것.

'직접 이익이 나지 않는 일에도 진력을 다할 수 있는 사람'이야말로 마지막 순간에 커다란 성과를 손에 넣을 수 있는 것입니다.
아무나 할 수 있지만, 누구도 하지 않는 습관이 바로 '연봉 10억으로 가는 습관'입니다.

어느덧 마치는 말이 되었으나, 본서를 집필하는 데 있어 ㈜어스홀딩스의 창업자인 고쿠분 도시하루 사장을 비롯해 지금까지 만나 배워온 대선배님들께서 해주신 인생에 대한 무수한 조언에 진심으로 감사드립니다. 그리고 어스 FC 오너인 여러분, 점장, 직원 모두에게도 항상 너무나도 감사한 마음을 가지고 있습니다. 여러분이 있어 모든 일이 가능했습니다.

또 마지막으로 편집 협조를 해주신 후지요시 유타카 님, 본서의 담당인 ㈜다이아몬드사 이누마 가즈히로 님께는 전문적이고 세심한 지원에 대해 정말로 감사드립니다. 마치며 글로써 감사의 말씀 올립니다.

2018년 8월
㈜ 어스홀딩스 이사 야마시타 세이지

참고 문헌 · 참고 자료 · 인용

- (※1) 《수신교수록 하루 한 마디》(모리 신조/치지 출판사)에서 인용
- (※2) 더스킨 공식 홈페이지 '경영 이념'에서 인용(일부 발췌)
- (※3) PRESIDENT Online 2016년 1월 20일 〈오마에 겐이치 일본의 태엽 장치〉 《오마에류 '자신을 개혁하는' 3가지 방법》에서 인용
- (※4) PRESIDENT Online 2015년 5월 19일 《왜 연봉 1억 4천 이상의 60%는 '아침형 인간'인가》 참조
- (※5) 일론 머스크 세상을 바꾸는 남자 (다케우치 카즈마사/다이아몬드사)에서 인용
- (※6) 타케다 약품 공업㈜ 종합 정보 사이트 '체내 시계.jp' 참조
- (※7) 《누구나 금방 할 수 있는, 눈 깜짝할 새에 변비가 해결되는 200% 기본 비결》(야마구치 토키코: 감수 닛토서원 본사) 참조
- (※8) 《내일을 지배하는 것 −21세기 매니지먼트 혁명》(피터 F 드러커 저, 우에다 아츠오 역 / 다이아몬드사)에서 인용
- (※9) 〈Journal of Personality and Social Psychology〉 2006년 4월 「Groups Perform Better Than the Best Individuals on Letters-to-Numbers Problems: Effects of Group Size」 (By Patrick R.Laughlin, Erin C.Hatch, Jonathan S.Silver, Lee Boh) 참조
- (※10) 【익사이트 뉴스】 2015년 4월 18일 〈마이나비 학생의 창구〉 〈웃으면 세상이 달라 보이는 과학적 근거〉 참조
- (※11) 【www.ted.com】 2011년 5월 《웃음에 숨겨진 힘》 (론 거트만 저, : Takako Sato 역)에서 인용 & 참조
  https://www.ted.com/talks/ron_gutman_the_hidden_power_of_smiling/transcript?language=ja

역자 이미경

중앙대학교 일어학과를 졸업했으며 2013년부터 삼성SDI, 삼성디스플레이, 삼성전자 인하우스에서 통번역 활동을 하고 있다. 출간된 번역 도서로는 하라다 마리루의 《철학수첩》, 가와시마 요코, 마스다 무네아키의 《츠타야, 그 수수께끼》 등이 있다.

연봉 10억을 만드는 습관의 힘

초판 1쇄 인쇄 2019년 8월 23일
초판 1쇄 발행 2019년 8월 30일

지 은 이 야마시타 세이지
펴 낸 이 권기대
펴 낸 곳 베가북스
총괄이사 배혜진
편   집 박석현, 강하나
디 자 인 박숙희
마 케 팅 황명석, 연병선
일러스트 고고핑크

출판등록 2004년 9월 22일 제2015-000046호
주   소 (07269) 서울특별시 영등포구 양산로3길 9, 201호
주문 및 문의 (02)322-7241 팩스 (02)322-7242

ISBN 979-11-90242-06-6 03320

※ 책값은 뒤표지에 있습니다.
※ 좋은 책을 만드는 것은 바로 독자 여러분입니다.
   베가북스는 독자 의견에 항상 귀를 기울입니다.
   베가북스의 문은 항상 열려 있습니다.
   원고 투고 또는 문의사항은 vega7241@naver.com으로
   보내주시기 바랍니다.

홈페이지 www.vegabooks.co.kr
블로그 http://blog.naver.com/vegabooks.do
인스타그램 @vegabooks   트위터 @VegaBooksCo   이메일 vegabooks@naver.com